Michael Thürnau

Mir schmeckt's

Plaudereien und Rezepte

Ich will mich nicht mehr damit quälen,
meine Kalorien zu zählen.
Ich zähle lieber meine schönen Tage …
(Stefanie Werger)

Hinweis
Alle in diesem Buch enthaltenen Angaben, Daten, Ergebnisse etc.
wurden vom Autor nach bestem Wissen erstellt und von ihm
und dem Verlag mit größtmöglicher Sorgfalt überprüft. Eine
Verantwortung und Haftung für etwaige inhaltliche Unrichtig-
keiten kann jedoch nicht übernommen werden. Der Haftungs-
ausschluss gilt nicht, soweit nach dem Produkthaftungsgesetz für
Personen- und Sachschäden gehaftet wird.
Jeder Leser muss beim Umgang mit den genannten Stoffen,
Materialien, Geräten usw. Vorsicht walten lassen, Gebrauchs-
anweisungen und Herstellerhinweise beachten sowie den Zugang
für Unbefugte verhindern.

Fotos: Paul-Ernst Kämmer, KAEMPRE

Besonderen Dank an Andreas Zakrewski und Silke Leinweber
für die Unterstützung, an Andrea Thürnau, Margit und Jürgen
Schridde für das Korrekturlesen, an Paul-Ernst Kämmer für
die Fotos, an Tanja Milke vom NDR, an Bernd Kuhrmeier,
Dietrich Schultz, Ulrike Clever und alle anderen vom Landbuch-
Verlag, an Peter Buchmann für seine Ideen und an Birgit Götzel
für ihre Hilfe.

Titelgestaltung, Layout und Illustration:
Leidecker & Schormann; Hannover / Bad Oeynhausen

© Landbuch-Verlag, Hannover, 1998

Lektorat: Dr. Helge Mücke, Hannover
Gesamtherstellung: Landbuch-Verlag GmbH, Hannover

ISBN 3 7842 0570 4

Inhalt

Vorwort

Vorwort

Als Moderator komme ich viel umher im Lande. Und dabei fällt mir immer auf wie leicht es ist, einen Menschen zu verblüffen: „Mein Hobby ist Essen" – dieser Satz hat annähernd die gleiche Wirkung wie einst die Behauptung der Astronomen, die Erde sei rund. Teure Autos, lange Urlaube, edle Uhren – jeder Luxus ist in Deutschland erlaubt. Bungee-Jumping als Hobby oder Gleitschirmfliegen oder die Zucht von Leguanen – anerkannte Hobbys. Aber Essen?

Nein, mit dem Essen tun wir uns schwer. Billig und gesund muss das Essen sein. Wer die Qualität von Produkten in Frage stellt, ist für die meisten ein Besserwisser oder Snob. Dabei sollten wir aus den Lebensmittel-Skandalen der vergangenen Jahre doch gelernt haben, daß die Qualität der Produkte in Deutschland nicht immer einwandfrei ist. Wer gut essen will, muss suchen. Denn es gibt sie noch, die frischen, erstklassigen Waren vom Bauernhof. Wer sich mit dem Erstbesten aus dem Supermarkt zufrieden gibt, verschenkt Geld und Gaumenfreuden.

Essen ist mein Hobby. Ich liebe nichts mehr als etwas Gutes zu genießen. Ein frischer Salat mit Ziegenkäse, eine sanft geschmorte Kalbshaxe, eine norddeutsche Rote Grütze mit frischer, gelber Sahne oder eine selbst gemachte Sülze mit Bratkartoffeln – das bringt mir Sonne in die Seele. Sie als Hörer von NDR 1 Radio Niedersachsen wissen das aus vielen Sendungen.

Dieses Buch soll eine Anregung für Sie sein, wieder einmal mit Lust zu kochen. Essen, nicht um satt zu werden, sondern Essen als Genuss. Norddeutsche Gerichte und Leckereien aus aller Welt habe ich zusammengetragen. Die Rezepte sind wie das Programm von NDR 1 Radio Niedersachsen: Heimatverbunden aber zugleich auch weltoffen.

Ihre Fertigsoßen und Gewürzmischungen können Sie getrost vergessen, wenn Sie meine Rezepte nachkochen. Ich möchte Sie aber auch ermutigen, jedes Rezept einmal zu variieren. Beim Kochen kann kein Buch dieser Welt ihre Zunge ersetzen. Ich kann Ihnen Anregungen geben – aber kochen und abschmecken müssen Sie selbst.

In diesem Sinne: *Guten Appetit*

*Sie müssen übrigens
nicht erst heiraten
um in den Genuss
einer köstlichen
Hochzeitssuppe
zu kommen!*

Ein traditionelles Festgericht:

Norddeutsche Hochzeitssuppe

Jeder von uns kennt Gerichte, die ihm aus der Jugend alles andere als in guter Erinnerung sind. Pürierter Spinat hat Generationen von Kindern die Lust auf ein eigentlich leckeres Gemüse verdorben. Gekochter Fisch in klebriger Mehlschwitze aus Omas Topf ist Schuld, dass noch heute viele Menschen keinen Fisch mögen. Bei mir ist es die Hochzeitssuppe, die schreckliche Erinnerungen weckt. Eigentlich wird sie im Norden zu Festen serviert, vorwiegend zu Hochzeiten. Aber auch bei Geburtstagsfeiern, Silberhochzeiten oder Bällen der örtlichen Feuerwehr wird sie gern gereicht. Manchmal hat sie regionale Zusätze im Namen wie „Niedersächsische Hochzeitssuppe" oder „Altmärker Hochzeitssuppe". Gemeint ist aber immer eine klare Suppe, gemischt aus einer bis drei Brühen von Rind, Schwein oder Huhn, mit Spargel, Eierstich und Hackfleischbällchen.

Und da geht das Leid schon los. Nicht immer ist die Suppe klar, nicht immer von den Fettaugen befreit, und meist ist der Eierstich das Ergebnis liebloser Großproduzenten. Ist dann auch noch das Hackfleisch für die kleinen Klöße ungewürzt, wird aus einem stimmigen Rezept eine Katastrophe.

Also dann: Kochen wir zur Ehrenrettung eines norddeutschen Kulturgutes eine richtige Hochzeitssuppe. NDR 1 Radio Niedersachsen berichtet ja öfter über alte Bräuche in Niedersachsen. Es gibt wahre Glaubenskriege zwischen den Regionen in Norddeutschland, ob man denn nun eine Sorte Brühe nimmt oder zwei oder drei. Das ursprüngliche Rezept war wohl mit drei Brühen, denn zu einer Hochzeit wurde früher viel gekochtes Fleisch aufgetischt. Klar, dass unsere sparsamen Vorfahren die Brühe vom Kochfleisch weiter verwendet haben. Mir ist die Mischung zu mächtig, zu fettig – und darum kochen wir die Hochzeitssuppe jetzt nur aus Hühner- und

Man nehme:

ein Suppenhuhn

Rindfleisch

Markknochen

Suppengemüse

1 Gemüsezwiebel

2 Schalotten

200 Gramm Rinder-Tartar

200 Gramm Schweinemett

10 frische Eier

1/2 Liter Sahne

Salz

Muskatnuss

1 Kilo Spargel, natürlich frisch

Schnittlauch

feine, frische Möhren

feine Eier-Nudeln, zum Beispiel Sternchennudeln

Rindfleischbrühe. Aber wer es fettiger mag: Es geht auch mit der zusätzlichen Schweinebrühe, wobei der Geschmack deutlich deftiger wird, was mit dem feinen Eierstich und dem Spargel nicht immer harmoniert.

Und nun frisch ans Werk – aber es macht viel Arbeit und braucht eine Menge an Töpfen, denn wir müssen zunächst einmal alles getrennt zubereiten. Zunächst bereiten wir in großen Töpfen zwei Brühen zu – die Hühner- und die Rindfleischbrühe. Wissen Sie noch, wie es geht? Für die Rinderbrühe Zwiebel und Suppengemüse in einem Topf in etwas Fett anbraten, Markknochen und Rindfleisch dazu, kräftig salzen und pfeffern, ständig abschäumen und dann kochen lassen. Das Huhn für die Hühnerbrühe wird nicht angebraten – in einen Topf mit kochendem Wasser geben wir das Suppenhuhn und die Schalotten, auch hier wieder salzen und pfeffern – und dann lassen wir auch das lange kochen.

Die Hochzeitssuppe ist eine klare Suppe, darum müssen wir die Flüssigkeit klären. Zunächst gießen wir beide Suppen durch ein Sieb, dann durch ein Leinentuch, und schließlich kochen wir mit den zusammengeschütteten Suppen noch das Rindfleisch-Tartar – das macht die Suppe herrlich klar. Damit sie klar bleibt, müssen wir alle weiteren Zutaten extra in einem Topf zubereiten und erst später zur Hochzeitssuppe geben.

Die Brühe stellen wir in den Kühlschrank, damit wir sie entfetten können. Nach zwei Stunden Kühlschrank ist das Fett erstarrt, wir können es von der Brühe entfernen. Wir wollen den Geschmack haben, nicht das Fett. Währenddessen wenden wir uns dem zu, was sich je nach Region Hackfleischbällchen, Klops oder Mettkloß nennt. Dazu würze ich das fein durchgedrehte Schweinemett, das man im Norden meist als Thüringer Mett kauft, mit Salz, Pfeffer und etwas Paprika. Dann füge ich Schnittlauch hinzu, etwas Petersilie, zwei Eier und einen Schuss flüssige Sahne. Wichtig ist, die Bällchen nicht zu groß zu machen – 1 Zentimeter im Durchmesser ist genug. Von meiner Brühe habe ich einen kleinen Topf zur Seite gestellt – und darin werden die Hackfleischbällchen jetzt gekocht. Widerstehen Sie der Versuchung, während des Kochens den Rasen zu mähen oder sich sonst zu beschäftigen – die Bällchen sind schnell gar. Bleiben sie zu lange im Topf, verwandelt sich der durch die Sahne lockere Hackfleischkloß in eine ungenießbare Murmel. Im selben Wasser kochen wir nun die Sternchennudeln. Die dürfen übrigens nicht mehr bissfest sein – oder „al dente", wie es neudeutsch heißt. Bissfest gilt nur für italienische Hartweizennudeln, nicht aber für deutsche Eiernudeln, die müssen gar sein.

Den frischen Spargel schneiden wir in 2 Zentimeter lange Stücke und garen ihn ebenfalls – aber bitte nicht zu weich werden lassen. Spargel muss noch ein wenig Biss haben, ebenso die ganz jungen Möhrchen und die zarten Erbsen.

Unsere letzte Zutat ist der Eierstich. Den kann man natürlich auch in der Mikrowelle zubereiten, aber das Ergebnis ist nicht dasselbe wie im Wasserbad. Darum machen wir uns die kleine Mühe: In einem Rührgefäß schlagen wir die Eier mit einem Rührbesen auf. Das geht natürlich auch mit dem Mixer, aber mit einem Handrührbesen kommt mehr Luft in die Masse und macht den Eierstich lockerer. Ist die Masse sehr schaumig, gießen wir einen Viertelliter Sahne dazu, eine Prise Salz und frisch geriebene Muskatnuss. Noch etwas sehr fein gehackte Petersilie und ganz fein geschnittenen Schnittlauch in die Eiermasse, dann wieder kräftig aufschlagen. Nun kommt die Masse ins Wasserbad, wo sie langsam stockt. Haben wir den inneren Topf des Wasserbades vorher mit Butter ausgestrichen, können wir den Eierstich problemlos auf ein Brett stürzen und in kleine Würfel schneiden.

Nun müssen wir nur noch die abgeschmeckte Brühe richtig erhitzen, dann kommen Spargel, Eierstich, Nudeln, Möhrchen und Erbsen dazu. Nicht mehr kochen, denn gar sind unsere Zutaten ja schon. Auf die Suppe geben wir noch eine Hand voll frisch geschnittene Petersilie – und dann wird sie heiß gegessen. Sie schmeckt übrigens auch, wenn man nicht gerade heiratet!

Meine Variante

Gehen Sie zu dem Gemüse-
händler Ihres Vertrauens.

Mit Kürbiskernöl und Knoblauch:

Warmer Salat aus heimischen Pilzen

Niemand wird behaupten, dass wir Deutschen uns besonders gesund ernähren. Trotzdem sind wir ein Volk von Salatessern. Aber auch beim Salat unterscheidet uns viel von anderen Nationen. Bei uns ist Salat immer Bestandteil eines einzelnen Ganges beim Essen. Jeder kennt ja schon den Ausdruck „Salatbeilage" aus der Speisekarte der Restaurants. Und dieser Salat ist oft eine traurige Angelegenheit. Selbst in ansonsten recht ansehnlichen Restaurants kommt er zur Hälfte bis Gänze aus dem Glas.

Neben dem Konservensalat gibt es aber auch das andere Extrem: den Rohkostsalat. Mag er aus Sicht der Ernährungswissenschaftler auch durchaus sinnvoll sein – uns Genießer macht er nicht glücklich.

Einen logischen Grund, zu einem warmen Hauptgericht einen kalten Salat zu servieren, gibt es nicht. Wenn schon Salat, dann als Hauptgericht oder als eigenständigen Bestandteil eines Menüs. Dazu reicht es allerdings nicht, einfach rohe Bestandteile zu raspeln und ohne Verfeinerung zu essen. Ein Salat muss zumindest angemacht werden, zum Beispiel mit einer feinen Vinaigrette. Feldsalat mit Entenleber, Rucola mit Knoblauch-Vinaigrette und Parmesan – all das ist zweifellos eine feine Spezialität mit Salat als Hauptrolle. Von den Speisekarten verschwunden sind leider andere Salatspezialitäten, zum Beispiel der Ochsenmaulsalat.

Wir wollen einen Salat machen, bei dem wir heimische Pilze verarbeiten. Dass ich ihn „Salat aus heimischen Pilzen" genannt habe, ist ein Zugeständnis an den Geldbeutel. Am besten schmeckt er natürlich, wenn er ausschließlich aus Pfifferlingen gemacht wird. Pfifferlinge sind eine Spezialität für Feinschmecker, und entsprechend teuer. In der Natur gibt es nämlich immer weniger Pfifferlinge,

Die Einkaufsliste:

250 Gramm Champignons

250 Gramm Pfifferlinge

250 Gramm andere Waldpilze

Butter, Olivenöl

zwei Knoblauchzehen

1 Bund glatte Petersilie

1 Schalotte

1 Frühlingszwiebel

Schnittlauch

Kürbiskernöl

Rotwein-Essig

2 frische Eigelb

Weißbrot

50 Gramm durchwachsener Speck

Pfeffer und Salz

und bislang haben Forscher (zum Glück) noch keine Möglichkeit gefunden, die Edel-Pilze künstlich zu züchten. Wir können also unseren warmen Pilzsalat zusätzlich zu den Pfifferlingen auch mit Champignons und anderen Waldpilzen bereiten – wir können, wir müssen nicht.

In manchen Gegenden nennt man den Pfifferling auch Eierschwamm oder Rehling – und genau den brauchen wir. Am besten eignet sich natürlich die Zeit, in der er frisch ist. Der echte Pfifferling wächst zur klassischen Pilzzeit von Juli bis September in den Wäldern. Wenn Sie ihn selbst suchen, sollten Sie sich sehr gut mit Pilzen auskennen. Nicht nur wegen der unter Umständen giftigen Pilze, die in Ihren Korb gelangen können. Man kann den Pfifferling nämlich auch sehr leicht mit dem „falschen Pfifferling" verwechseln. Der ist zwar nicht giftig, aber zäh und ungenießbar. Und solche Pilze wollen wir nicht haben im Salat. Mein Vorschlag: Gehen Sie zu einem Gemüsehändler Ihres Vertrauens, der neben Pfifferlingen vielleicht auch Champignons anbietet, die nicht in Hollands Gewächshäusern ohne natürliche Sonne und Erde gewachsen sind. Kleine Pilze sind übrigens besser, weil sie im Allgemeinen zarter und weniger schwammig sind als die großen Exemplare.

Das Kürbiskernöl ist übrigens einer der Hauptexportartikel aus der Steiermark in Österreich – ein dunkles, dickflüssiges Öl mit starkem Eigengeschmack. Es schmeckt hervorragend zu grünem Salat, man kann auch Käse darin einlegen. In Deutschland bekommt man es in Feinkostläden, aber auch einige der ökologischen Ölmühlen stellen es inzwischen her. Aber Achtung: Einmal gekauft, sollten wir es unbedingt im Kühlschrank aufbewahren.

Zunächst müssen wir die Pilze putzen und waschen. Profis haben einen einfachen Trick, um die Erde vom Pilz zu entfernen: Sie streuen Mehl darüber, bevor sie die Pilze waschen. Das Mehl bindet die Erde, die sich dann leichter abwaschen lässt. Wir trocknen die Pilze gründlich mit einem Handtuch – und dann müssen wir sie braten. Das geht nur getrennt, denn erstens haben die unterschiedlichen Pilze auch eine unterschiedliche Garzeit. Und zweitens müssen wir Pilze sehr heiß anbraten. Ist die Pfanne zu kalt, dann tritt Wasser aus den Pilzen aus und sie werden zäh. Deshalb lieber in mehreren Schritten braten.

Also noch einmal: Die Pilze sehr gut abtrocknen, die Pfanne mit einer Mischung aus Butter und Öl sehr heiß werden lassen, ganz klein geschnittene Schalotten und fein gewürfelten Knoblauch hinein und schließlich die Pilze. Klar, dass die Pfifferlinge ganz bleiben, während wir die Champignons entstielen und in pfifferlingsgroße Teile schneiden. Beim Braten in heißer Butter geben Pfifferlinge Dampfgeräusche von sich – ein sicheres Zeichen, dass die Pfanne heiß genug ist. Nach dem scharfen Anbraten drehen wir auf mittlere Hitze zurück und braten die Pilze 10 Minuten. Wenn aus den Pilzen Flüssigkeit austritt (und das lässt sich kaum vermeiden), schöpfen wir sie sorgfältig ab. In den letzten 2 Minuten streuen wir noch gerupfte glatte Petersilie, Salz und frischen Pfeffer darüber. Sind die Pilze gar, heben wir sie mit einem Schaumlöffel aus der Pfanne in eine Schale. Dort sollen sie abkühlen – allerdings nicht kalt werden, denn unseren Pilzsalat essen wir lauwarm.

„Ein Pils zum Pilz – warum eigentlich nicht".

Nun müssen wir noch die Soße machen – und das ist ganz einfach: Den Fond vom Anbraten der Pilze geben wir in die heiße Pfanne zurück und löschen ab mit fünf Esslöffeln Rotwein-Essig, einem Schuss Olivenöl und 1 Deziliter Kürbiskernöl. Dann kommt die Pfanne runter vom Feuer, und wir binden unsere Salat-Soße mit zwei Eigelb ab. Diese Soße geben wir in die Salatschüssel über die Pilze. Nun müssen wir noch etwas verfeinern, und zwar mit dem fein geschnittenen Grün von Frühlingszwiebeln, hauchdünn in Ringe geschnittenen Schalotten und etwas frischem Schnittlauch.

Ganz zum Schluss kommt noch fein gewürfelter Schinkenspeck dazu, den wir vorher in Butter kross angebraten haben, sowie in Knoblauchbutter angeröstete und gesalzene Weißbrotwürfel.

Zu diesem Salat schmecken Brot und Wein – beides sollte kräftig sein, damit es neben dem Aroma von Pilzen, Essig und Kürbiskernöl bestehen kann. Oder ein Pils zum Pilz – warum eigentlich nicht?

Meine Variante

kalbs

haxe

Geduld beim Kochen:

Geschmorte Kalbshaxe

Kalbfleisch ist in den vergangenen Jahren bei vielen Hausfrauen, aber auch bei Profi-Köchen in Vergessenheit geraten. Ein Wunder ist das nicht, denn Kalbfleisch hat gerade in Deutschland eine lange Leidensgeschichte. Jahrelang wollte der Verbraucher nur das helle, fast weiße Kalbfleisch kaufen. Da Kalbfleisch von Natur aus aber eher eine kräftige Farbe hat, waren beim Züchter und Erzeuger einige Tricks nötig, um das Fleisch heller zu bekommen. Die Auswirkungen kennt jeder: blasses, wässriges, geschmackloses Kalbfleisch, das im Topf einen erheblichen Teil seiner ursprünglichen Größe einbüßt. Als dann herauskam, dass Kälber mit Hormonen behandelt werden, verging uns Verbrauchern gänzlich der Appetit auf das Kalb. Der NDR hat in seinen Sendungen oft darüber berichtet.

Dabei ist Kalbfleisch eigentlich eine Delikatesse. Und seitdem viele deutsche Bauern wieder mit Liebe statt Medikamenten Kalbfleisch produzieren, kann man es beim Metzger seines Vertrauens auch wieder bedenkenlos kaufen. Wenden wir uns also der Kalbshaxe zu. Gegrillt mit Sauerkraut und Klößen ist sie eine bayrische Spezialität. Für mich hat diese Version zwei Nachteile: Erstens ist die Kalbshaxe so viel zu fett, und zweitens bekommen die große Hitze und der Grill dem Kalbfleisch nicht – es wird zäh.

Ich esse die Kalbshaxe lieber anders: geschmort im eigenen Saft mit viel Gemüse und Wein. Mein Rezept erinnert dann auch eher an die italienische Version der Kalbshaxe, die unter dem Namen Osso Buco zu Weltruhm kam. Zunächst ein wenig Warenkunde: Kälber sind das, was später einmal ein Rind wird, und die Kalbshaxe ist der untere Teil des Beines. Der Knochen in der Mitte der Haxe sorgt später dafür, dass der Schmorsaft aromatisch wird, und das Fleisch um den Knochen herum soll der saftige

Gehen wir also zunächst einkaufen.
Für meine geschmorte Kalbshaxe brauchen wir :

2000 Gramm Kalbshaxe, vom Metzger in Scheiben gesägt und sorgfältig von Knochenresten befreit

eine Flasche Weißwein

5 reife Tomaten

20 Schalotten, ersatzweise Zwiebeln

5 Karotten

5 Stangen Lauch

Knoblauch, Pfeffer, Salz, Rosmarin und Thymian

Süßrahmbutter

Höhepunkt unserer Mahlzeit sein. Zunächst einmal müssen wir die Fleischscheiben anbraten. Das ist einer von zwei schwierigen Punkten bei der geschmorten Kalbshaxe. Denn Kalbfleisch muss vorsichtig behandelt werden, es verträgt keine große Hitze. Also lassen wir die Butter in einem großen Bräter heiß werden, aber nicht zu heiß. In die Butter hinein legen wir das Fleisch und braten es von allen Seiten an – auch die Seiten müssen leicht braun werden. Vermutlich müssen wir in mehreren Etappen anbraten, weil der Bräter selten groß genug für alle Scheiben der Kalbshaxe ist. Wird die Butter zu braun, müssen wir sie sorgfältig abschöpfen und durch neue ersetzen.

Wichtig ist, dass sich am Boden des Bräters eine Schicht Bratensatz bildet, die wir später als Geschmacksgrundlage brauchen.

Wenn das Fleisch komplett angebraten ist, legen wir es zunächst zur Seite und bereiten das Gemüse vor. Die (reifen und roten) Tomaten müssen natürlich geschält werden. Das gelingt am besten, wenn wir die Tomaten auf einem Löffel kurz in kochendes Wasser tauchen. Anschließend lässt sich mühelos die Haut abziehen. Die Tomaten vierteln, die Karotten schneiden wir in fingerdicke Scheiben, ebenso den Lauch. Die Schalotten bleiben ganz, ebenso die Knoblauchzehen. Wie viele Zehen wir nehmen, hängt vom persönlichen Geschmack ab – aber 5 Stück sollten es schon sein. Nehmen wir Zwiebeln statt Schalotten (was den Geschmack etwas derber macht), müssen zu große Zwiebeln geviertelt werden.

In den Bräter hinein kommt etwas neue Butter und dann das vorbereitete Gemüse. Aus Tomaten und Lauch kocht etwas Flüssigkeit heraus, dazu geben wir noch einen Schuss Weißwein und lösen unter kräftigem Rühren den Bratensatz vom Boden. Ist das Gemüse mehrere Minuten angedünstet, legen wir die Beinscheiben nebeneinander in den Bräter auf das Gemüse und füllen solange mit Wein auf, bis Gemüse und Fleisch bedeckt sind. Dann kommen noch frisch geschroteter schwarzer Pfeffer, Salz und einige Zweige Thymian und Rosmarin dazu – und dann der Deckel darauf.

Nun kommt der zweite heikle Punkt bei unserer geschmorten Kalbshaxe: Sie muss in den Backofen. Dies ist die Aktion, die über Erfolg und Misserfolg des Rezeptes entscheidet. Denn Kalbfleisch, wie bereits erwähnt, verträgt keine allzu große Hitze, ohne zäh zu werden. Also heizen wir den Backofen auf etwas über 100 Grad vor – und stellen dann den Bräter hinein.

In den nächsten Stunden müssen wir nichts tun. Wir können einen Ausflug mit der Familie machen oder in die

Sauna gehen. Wer mag, darf aber gerne ab und an den Deckel heben und nachschauen, wie das Fleisch kaum merklich gart.

Ein wenig Arbeit gibt es noch, wenn nach 5 bis 6 Stunden das Fleisch gar, aber nicht zerkocht im Topf liegt, umrahmt von duftendem Gemüse, und wir unsere geschmorte Kalbshaxe anrichten. Die Fleischscheiben heben wir vorsichtig aus dem Topf. Mit etwas Fingerspitzengefühl und einem Messer schneiden wir die Häute ab und lösen die Fleischteile vom Knochen.

Nun muss die Flüssigkeit im Bräter noch etwas eingekocht werden, aber nur so weit, dass sie etwas dickflüssiger wird. Sie soll eher einer Suppe ähneln als einer klassischen Bratensoße. Und auf jeden Fall sollte man der Versuchung widerstehen, die Flüssigkeit mit Mehlschwitze einzudicken. Eine dickflüssige Soße würde dieses Gericht verschandeln.

> *„Eine dickflüssige Soße würde das Gericht verschandeln".*

Was am Kochen so viel Spaß macht, ist das Ausprobieren. Wenn aus der geschmorten Kalbshaxe ein Osso Buco werden soll, müssen wir nur ein paar Zutaten ändern: Angebraten wird nicht mit Butter, sondern mit Olivenöl. In den Bräter geben wir zum Schmoren noch eine große Hand voll dunkle Oliven und einige Anchovis (gesalzene Sardellenfilets). Ein völlig anderes Gericht wird aus der geschmorten Kalbshaxe, wenn wir nach dem Anbraten mit Bier statt mit Wein ablöschen.

Wie auch immer: Mit Weißbrot oder Kartoffeln wird aus diesem Schmorgericht eine komplette Mahlzeit. Mühe machen nur die Vorbereitungen. Steht erst mal alles im Ofen und köchelt bei knapp über 100 Grad vor sich hin, kann man sich getrost anderen Dingen zuwenden.

Meine Variante

Keule vom zarten Lamm

Lammfleisch ist in Deutschland in bester Qualität zu bekommen. Das liegt daran, dass es bislang noch keine Großmästereien gibt, in denen diese Tiere in Rekordzeit schlachtreif gemästet werden. Dass Lammfleisch trotzdem nicht ganz weit oben auf den Speisekarten steht, ist eigentlich unverständlich. Die Mittelmeerländer sind uns da einen Schritt voraus. Vielleicht liegt es ja daran, dass falsch behandeltes und zu lange gekochtes Fleisch von Lamm, Schaf oder Hammel leicht penetrant schmecken kann. Das hat vielen Deutschen den Appetit darauf verdorben – zu Unrecht.

Gerade entlang der Küste erzeugen kleine Bauern wunderbares Lammfleisch. In Ostfriesland, Nordfriesland oder auf den Nordseeinseln sind die Salzwiesenlämmer, die ihr Leben auf den Wiesen am Meer verbracht haben, eine Spezialität. Feinschmecker streiten sich seit langem darüber, ob die Vorder- oder die Hinterkeule das bessere Stück ist. Meiner Erfahrung nach spielt das überhaupt keine Rolle. Wichtiger ist, dass man wirklich nur erstklassige Qualität bekommt – da hilft nur ein ausgiebiger Einkaufsbummel.

Wer nicht von Hof zu Hof fahren möchte, findet bisweilen auf Wochenmärkten kleine Händler, die frisches Lammfleisch direkt vom Erzeuger anbieten. Gibt es kein Salzwiesenlamm, fragen Sie nach einem Milchlamm. Und wer weder Salzwiesen- noch Milchlamm findet, muss sich mit einer normalen Lammkeule begnügen. Der Geschmack ist immer noch delikater als bei jedem durchschnittlichen Rinderbraten aus dem Supermarkt. Der Unterschied besteht in der Größe – und dadurch in der Garzeit. Eine Milchlammkeule ist nach meinem Rezept in einer guten Stunde fertig – eine Keule normales Lamm braucht gut und gern mehr als das Doppelte.

Die Zubereitung der Milchlammkeulen ist so einfach, dass man sich fragt, warum sie nicht öfter auf

Hier also die Zutaten

2 Keulen vom Milchlamm

eine Flasche trockenen Weißwein

schwarzer Pfeffer

grobes Salz

eine Knoblauchzehe

kalt gepresstes Olivenöl

Rosmarin am Zweig

Butter

3 Schalotten

unseren Tischen steht: Zunächst befreien wir die Keulen sorgfältig von Knochenresten und Sehnen. Dann werden die Keulen mit einer halbierten Knoblauchzehe eingerieben. In einem Mörser schroten wir den schwarzen Pfeffer und reiben die Lammkeule damit ein. Nun wird sie gesalzen – das geht mit normalem Salz, aber eine hübsche Variante wäre es zum Beispiel, grobes Meersalz zu nehmen. Das hat keine so feine Struktur und würzt die Keulen ungleichmäßiger – was dem herzhaften Gericht eine besondere Note verleiht. Aber wie gesagt: Normales Salz tut es auch.

Nun kommen die Keulen in einen tiefen, schweren Bräter, den wir mit einem kräftigen Schuss Olivenöl ausgestrichen haben. Zu den Keulen legen wir zwei Zweige Rosmarin. Das ist ein wichtiger Punkt bei der Zubereitung. Damit entscheidet sich, ob das Gericht nur durchschnittlich wird oder eine besondere Delikatesse. Nehmen wir gemahlenes Rosmarin aus der Gewürzdose, ist die Mühe vergebens. Wie die meisten Kräu-

ter und Gewürze lebt auch Rosmarin von Aromastoffen, die beim Zermahlen verfliegen. Zurück bleibt dann nur eine Ahnung des ursprünglichen Geschmacks. Also muss es frischer Rosmarin sein oder getrockneter. Auch den bekommen wir auf dem Markt oder beim Gemüsehändler – manche fleißigen Köche pflanzen ihn auch im eigenen Garten an.

Nun brauchen wir noch Flüssigkeit, damit sich ein ordentlicher Schmorsaft im Bräter bildet. Dazu nehmen wir natürlich einen weißen Wein. Je besser der ist, desto besser schmeckt später unser fertiges Gericht. Trocken muss er auf jeden Fall sein, denn die Restsüße in nicht durchgegorenen Weißweinen würde das Aroma der Milchlammkeule stören. Also: zwei Glas Weißwein, ungefähr 0,4 Liter, hinein in den Bräter – und der kommt dann in den auf 230 Grad vorgeheizten Backofen.

Kochen erfordert Arbeit, wenn das Ergebnis perfekt sein soll. Aber wer auf unvergessliche Gaumenfreuden keinen Wert legt, kann sich ja gleich ein Tiefkühlgericht in den Ofen stellen.

Unsere Milchlammkeule dürfen wir jetzt nicht allein lassen, sondern müssen Sie regelmäßig mit dem Bratensaft begießen. Die Gewürze, der Saft aus den Keulen und der Wein bilden ein wunderbares Gemisch – und das soll kräftig von allen Seiten in das Fleisch einziehen. 4- bis 5-mal in der Dreiviertelstunde sind nicht zu viel – so lange bleiben die Keulen jetzt bei dieser hohen Temperatur im Ofen, bevor wir sie auf 180 Grad zurückdrehen. Eine weitere halbe Stunde bleiben sie im Ofen, werden wieder regelmäßig begossen. Ein Glas Wein sollten wir im Lauf der Zeit noch hinzugeben.

Während das Fleisch sanft vor sich hingart, können wir uns schon an die Zubereitung der Beilagen machen. Röstkartoffeln wären eine leckere Ergänzung: Kleine Kartoffeln schälen und auf ein Backblech legen, mit Salz, klein geschnittenem Rosmarin und Pfeffer bestreuen oder mit Olivenpaste, eventuell einen Schuss Balsam-Essig darüber träufeln und 40 Minuten im Backofen braun und knusprig werden lassen.

> *„Die Gewürze, der Fleischsaft und der Wein – ein wunderbares Gemisch".*

Kurz bevor unsere Milchlammkeule gar ist, kommen wir zur letzten Verfeinerung: Wir schneiden noch eine kleine Hand voll Rosmarinnadeln in ganz feine Stücke, geben sie in eine Tasse und rühren einen Schuss Olivenöl dazu. Mit dieser Rosmarin-Öl-Paste bestreichen wir jetzt noch die Oberfläche der Milchlammkeulen. Ganz wichtig ist, dass der Bräter jetzt noch 10 Minuten im Ofen bleibt – denn sonst wären die Rosmarin-Nadeln hart. Und das würde so gar nicht zu dem herrlich zarten Fleisch passen, das wir dann aus dem Ofen holen. Um den Knochen herum werden die Keulen in fingerdicke Scheiben geschnitten und mit den Röstkartoffeln serviert. Blattspinat passt noch dazu oder ganz junge, fingerdicke Möhren.

Meine Variante

*Auch wenn der Spargel teuer ist
schälen Sie ihn großzügig.*

Der Reiz der Gegensätze:

Spargel mit Honig-Vinaigrette

Jede Landschaft in Deutschland hat ihre typischen Gerichte. Und jeder Feinschmecker lässt gern einmal seine Gänsestopfleber oder sein Carpaccio von Jacobsmuscheln liegen, wenn eine regionale Spezialität auf der Karte steht. In Bayern zum Beispiel sind Hopfensprossen eine solche Spezialität, warm in einer Sahnesoße oder kalt in Essig und Öl.

Doch während beim bitteren Geschmack des Hopfens sich die Geister scheiden, sind beim Spargel alle einig. „König der Gemüse" nennen manche die Stangen, die im Frühjahr überall in Deutschland wachsen. Der beste Spargel kommt zweifellos aus dem Radio-Niedersachsen-Land, genau genommen aus dem Burgdorfer und Nienburger Land. Billig ist der Spargel nicht – die aufwändige Erntemethode sorgt für hohe Preise. Umso wichtiger ist es, sich Gedanken um die richtige Zubereitung zu machen.

Bevor wir uns einem besonderen Rezept zuwenden, gibt es einige wichtige Regeln, die für alle Spargel-Rezepte gelten.

Frisch soll er sein, der Spargel – darum müssen wir schon beim Einkauf die Augen aufmachen. Die Schnittstellen, an denen der Spargel ungefähr 20 Zentimeter unter der Erde abgetrennt wird, müssen noch feucht sein. Sind sie trocken, vielleicht sogar schon braun, versucht der Verkäufer uns übers Ohr zu hauen – dann lieber den Händler wechseln oder auf den Spargel verzichten.

Die nächste Hürde ist das Schälen. Auch wenn der Spargel teuer ist, müssen wir ihn großzügig schälen. Das zarte Gemüse wird von einer dünnen, aber sehr widerspenstigen Hülle eingeschlossen. Die muss ab, sonst beißen wir auf holzige Stellen. Ob Sie zum Schälen einen Spargelschäler nehmen oder ein normales Messer – das bleibt ihrem persönlichen Geschick überlassen.

Damit der Spargel gleichmäßig gar wird, empfiehlt sich die Anschaffung eines Spargeltopfes. Darin garen die Stangen aufrecht stehend – eine Investition, die sich lohnt. Notfalls tut es auch ein schmaler Spagetti-Topf.

Schwierig ist es beim Spargel mit den Garzeiten. Im Prinzip muss man ihn 20 Minuten im fast kochenden Wasser ziehen lassen, aber die genaue

Zeit hängt von der Dicke der Stangen ab und auch vom Herkunftsort des Spargels. Also müssen wir den Spargel genau im Auge behalten. Nach einer Viertelstunde können wir eine Stange aus dem Wasser nehmen. Gibt sie auf sanften Fingerdruck nicht nach und hat einen harten Kern, braucht sie noch ein wenig. Auf keinen Fall darf der Spargel zu lange im Wasser bleiben. Er darf sich, wenn ich ihn auf eine Gabel nehme, nur leicht durchbiegen. Hängen beide Seiten weit über die Gabel, ist er zu weich und hat seinen charakteristischen Geschmack verloren.

Ist der Spargel gar, muss er so schnell wie möglich aus dem Topf. Wir gießen den Topf ab und schlagen den Spargel sofort auf einem Teller in Servietten ein. Dadurch bleibt das edle Gemüse warm – und das überschüssige Wasser wird aufgesaugt. Das könnte nämlich sonst den Geschmack der Soßen beeinträchtigen.

Ja, die Soßen. Wahre Glaubenskriege ranken sich um die Frage, wie er denn am besten schmeckt. In vielen Beiträgen haben wir bei NDR 1-Radio Niedersachsen diese Frage gestellt.

Mit Butter? Das ist die klassische Variante – einfach in einem Topf Butter zart zerschmelzen lassen. Dafür nehmen wir nach Möglichkeit Süßrahmbutter. Mit der mächtigen Soße Hollandaise? Ja, wenn sie frisch gemacht ist. Die fertigen, zäh fließenden Soßen aus dem Tetra-Pack sind alles andere als delikat.

Wenden wir uns lieber nach den beiden klassischen Varianten einer dritten zu, die etwas ungewöhnlich, dafür umso leckerer ist: Spargel mit Vinaigrette!

Jawohl, richtig gelesen: Wir richten die zarten, gerade noch knackigen Spargelstangen auf einem Teller an und beträufeln sie mit einer aromatischen Soße. Und weil wir Feinschmecker sind, lassen wir die Finger von Fertig-Vinaigrette und bereiten sie selbst zu.

Also: Auf geht's zur Arbeit für eine absolute ungewöhnliche Spargelsoße. In einer Pfanne erhitzen wir einen guten Schuss Olivenöl nicht zu stark. In das Öl geben wir zunächst den sehr fein geschnittenen Schinken – nicht zu viel davon, denn wir wollen eher den Geschmack als etwas zu beißen. Wenn die Schinkenwürfel Farbe annehmen – und das geht sehr schnell, wenn sie fein genug geschnitten sind – geben wir die durchgepresste Knoblauchzehe dazu, etwas Salz, den fein gewürfelten Frühlingslauch und etwas Schnittlauch. Aber Achtung: Wir bereiten keine Gemüsebrühe, darum nur etwas von allen Zutaten, es soll nur eine Zutat für eine Soße sein.

Während sich die Zutaten langsam erwärmen, geben wir etwas Salz hinzu, den frisch geschroteten

An Zutaten brauchen wir:

Honig

Balsam-Essig

schwarzen und weißen Pfeffer

Salz

eine Knoblauchzehe

kalt gepresstes Olivenöl

Süßrahmbutter

eine Stange Frühlingslauch

Schnittlauch

Schinken

Pfeffer, den Honig und die Butter. Butter übrigens nicht als zusätzliche Fettgabe, sondern als Gewürz. Jawohl: eines der besten Gewürze der Welt und ein perfekter Geschmacksträger ist gute Butter! Nun kommen noch einige Löffel Honig dazu. Je besser der Honig, desto besser später unsere Honig-Vinaigrette. Von einem Industriehonig aus dem Supermarkt kann man halt keine Wunder erwarten. Fragen Sie lieber einen Imker in Ihrer Nähe. Würzig soll er sein, ein Akazienhonig zum Beispiel oder ein deftiger Heidehonig.

> *„Butter –*
> *eines der besten Gewürze*
> *der Welt".*

Wir beobachten, wie der Honig in der warmen Pfanne zerläuft, ohne zu karamellisieren. Wie gesagt: Zu heiß darf es in der Pfanne nicht werden, sonst bekommen wir Bonbons. Wenn aus der Pfanne ein süßer Duft aufsteigt, ist es Zeit zum Ablöschen. Das machen wir mit einem kräftigen Schuss Balsam-Essig. „Aceto Balsamico" nennt der Italiener diesen gereiften Weinessig, der aus der Region Modena stammt. Er ist in guter Qualität überall bei uns zu bekommen.

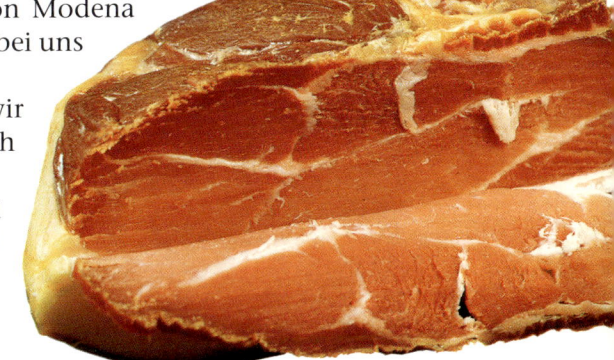

Die Pfanne kommt vom Feuer, wir schmecken die Honig-Vinaigrette noch einmal ab und pfeffern eventuell nach.

Das war's schon: Schneller als bei jeder Hollandaise ist die Soße fertig und kann über den warmen Spargel geträufelt werden. Dazu gibt es frische, fest kochende Kartoffeln. Der herbsüße Honig und der Balsam-Essig bilden einen wunderbaren Kontrast zum Spargel – ein besonderes Geschmackserlebnis!

Meine Variante

*Wer ein wenig Spaß
am Experiment hat, kann
ein Gratin mit verschiedenen
Zutaten immer wieder
neu variieren.*

Geschmack mit der tollen Knolle:

Kartoffeln mal als Hauptgericht

In der DDR hießen sie „Sättigungsbeilage", und genau das sind sie oftmals wirklich: Kartoffeln. Früher gab es eine große Artenvielfalt von Kartoffeln, aber die Euro-Bürokraten in Brüssel haben es fast geschafft, dass die alten Kartoffelsorten ausgestorben sind. Heute bekommen wir – wenn wir nicht aufpassen – geschmacklose Erdäpfel, die tatsächlich nur noch als Sättigungsbeilage taugen.

Aber auch die Verbraucher haben der Kartoffel übel mitgespielt: Verkocht als Beilage zum Sonntagsbraten oder mit schwerer, fettiger Majonäse erdrückt im Kartoffelsalat fristet sie oft ein trauriges Dasein.

Mit etwas Mühe jedoch kann man aus einer Kartoffel eine Delikatesse machen. Als Beilage zu der Sülze aus diesem Kochbuch zum Beispiel. Bratkartoffeln sind zweifellos eines der Leibgerichte in Norddeutschland. Ob man sie nun aus gekochten oder rohen Kartoffeln macht, ist nebensächlich. Wichtig für Bratkartoffeln ist nur: richtig würzen und richtig braten. Der Kartoffelgeschmack harmoniert sehr gut mit Muskatnuss, darum darf auch an der Bratkartoffel eine Hauch davon nicht fehlen – selbstverständlich frisch gerieben von der ganzen Nuss. Braten muss man die Kartoffeln in zwei Schritten, sonst saugen sie sich voll Fett und werden nicht knusprig. Also: Hinein mit den Kartoffelscheiben in die Pfanne, bei relativ großer Hitze in reichlich Fett braten. Dann aus der Pfanne heraus und auf Krepppapier das Fett abtropfen lassen und hinein zum zweiten Bratgang in die Pfanne, bis sie richtig knusprig sind.

Aber wir wollen uns jetzt den Kartoffeln als Hauptgericht zuwenden. Das ist nicht nur preiswert, sondern auch lecker. Ich empfehle ein Kartoffel-Gratin – im Ofen überbacken. Das kann man zwar auch als Beilage zum Fleisch essen – aber es ergibt eben auch ein komplettes Hauptgericht. Und wer ein wenig

Die Zutaten-Liste ist denkbar einfach:

Kartoffeln

Knoblauch

flüssige Sahne

Crème fraîche

geriebenen Käse, möglichst Gruyère

eine Muskatnuss

Salz und Pfefferkörner

Spaß hat, kann das Gratin mit verschiedenen Zutaten immer wieder neu variieren. Zunächst also einmal das Grundrezept. Genaue Mengenangaben gibt es nicht bei diesem Rezept. Wichtiger ist, die richtige Kartoffelsorte zu finden. Kartoffeln unterscheiden sich in ihrem Stärkege-

halt, es gibt fest kochende und mehlig kochende. Für einen Kartoffelsalat zum Beispiel nimmt man am besten eine fest kochende Sorte. Soll die Kartoffel gekocht als Beilage zu einem Braten mit viel Soße gereicht werden, nehmen wir besser eine mehlige Sorte, die Flüssigkeit aufnehmen kann. Für unser Gratin muss es eine Sorte zwischen den beiden sein, also nicht zu mehlig, aber auch nicht fest kochend.

Für ein echtes Gratin werden die Kartoffeln nur gebürstet oder geschält, nicht gekocht und in dünne Scheiben geschnitten. Das geht am besten mit einem Hobel.

In eine feuerfeste Schale, die wir mit Knoblauch ausgerieben und dann ausgebuttert haben, legen wir nun eine Schicht Kartoffeln und würzen mit Salz, frisch im Mörser geschrotetem Pfeffer und mit Muskatnuss.

Wer es deftig mag, kann ein wenig Knoblauch auf die Kartoffelscheiben legen. So schichten wir jetzt Lage für Lage in die Form, jede Lage Kartoffeln wird extra gewürzt. Insgesamt kommen so fünf Schichten Kartoffeln in die Form.

Die Flüssigkeit, mit der wir das Gratin jetzt in den Ofen schieben, besteht aus einem Teil Sahne, einem Teil Crème fraîche und etwas

> *„Für ein echtes Gratin die Kartoffeln nur bürsten oder schälen".*

frisch geriebenem Käse. Bei der Käseauswahl muss man besonders sorgfältig sein. Scheibletten-Käse oder abgepackte Billigware kommt für einen Feinschmecker natürlich nicht infrage. Ein Käse muss es ein, der bei Hitze schmilzt. Am besten geeignet ist ein Gruyère, der in der Schweiz zum Fondue genommen wird. Sie können aber auch einen mittelalten

Gouda nehmen – erlaubt ist, was schmeckt und schmilzt. Von diesem fein geriebenen Käse also verrühren wir etwas in der Flüssigkeit und gießen alles zusammen über die Kartoffelscheiben.

Oben drauf auf unser noch rohes Gratin streuen wir außerdem etwas Käse – und dann ab damit in den vorgeheizten Backofen. Der Verlockung, das Gratin bei hohen Temperaturen schnell zu garen, sollten Sie dringend widerstehen. Das Gratin würde zwar bald duften und die Kruste wäre herrlich verlaufen und goldbraun – aber die Kartoffeln brauchen einige Zeit, um gar zu werden. Darum sollten wir den Ofen auf maximal 150 Grad einstellen und das Gratin langsam garen lassen. Um zu verhindern, dass die Käse-Sahne-Mischung anbrennt, können wir ein Stück Alufolie auf die Form legen.

Wann das Gratin fertig ist, hängt von der Menge und den verwendeten Kartoffeln ab und natürlich von der Temperatur. Eine gute halbe Stunde müssen wir aber rechnen. In den letzten 5 Minuten kann man mit der Oberhitze im Backofen für eine schöne Kruste auf dem Gratin sorgen.

Das Schönste an diesem einfachen Rezept: Man kann es mit einfachen Mitteln verändern. Statt nur Kartoffeln können wir auch hauchdünne Möhrenscheiben ins Gratin geben. Wenn das Gratin eine Beilage sein soll, können wir auf den Käse verzichten und nur mit Sahne und Crème fraîche überbacken. Oder wir geben noch ein Ei dazu. Oder wir mischen eine Lage Lauch ins Gratin, Hackfleisch, Fisch, oder, oder, oder …

Meine Variante

Hasenrücken ist eine Delikatesse,
die man an einem Abend
mit einer Flasche edlem Rotwein
genießen kann.

Zartrosa und mit kräftigem Aroma:

Hasenrücken
in Semmel-Kruste

Ein Unterschied zwischen der deutschen und zum Beispiel der französischen Küche wird deutlich, wenn man auf den Hasen schaut. In Deutschland steht der Hase auf der Tagesordnung von Umweltschützern, in Frankreich in jedem Küchenlexikon. Keine Frage: Das, was die deutsche Politik als Flurbereinigung beschönigt, also die systematische Zerstörung von Lebensräumen, hat auch dem Hasen geschadet. Er findet weniger Lebensraum. Trotzdem geht es wieder aufwärts mit dem Langohr, den nicht nur Schüler im Biologieunterricht leicht mit einem Kaninchen verwechseln. Ein Hase hat lange Ohren und stärker ausgeprägte Hinterläufe – und er schmeckt ganz anders.

Ein Kaninchen kann man deshalb so wunderbar in der Küche verwenden, weil es eine prächtige Soße gibt und kaum Eigengeschmack hat. Würzen wir ein Kaninchen mit Minze, schmeckt es nach Minze. Geben wir in Cognac getränkte Backpflaumen zum Kaninchen, schmeckt es nach in Cognac getränkten Backpflaumen. Beim Hasen ist das anders. Er hat einen starken Eigengeschmack – und den machen wir uns beim Kochen zu Nutze. Da das Hasenfleisch so zart ist, kommen wir mit sehr kurzen Garzeiten aus. In einer Stunde steht unser Hasengericht auf dem Tisch – lange, bevor das Essen aus der Kühltruhe auch nur aufgetaut ist. Trotzdem ist Hasenrücken eine Delikatesse, die man an einem Abend mit einer Flasche edlem Rotwein genießen kann. Vor dem Genuss aber die Mühe, und die beginnt beim Einkauf.

Es gibt keinen Grund, Hasenrücken tiefgefroren im Supermarkt zu kaufen. Er ist immer schlechter als der Hasenrücken, den Sie beim Wildhändler frisch erwerben. Frisch stimmt eigentlich nicht, denn wie jeder Wildbraten muss auch der Hase erst einmal ein paar Tage abhängen, damit das Fleisch den typischen Geschmack bekommt. Frisch will

Die Zutaten:

ein ganzer Hasenrücken

Wacholderbeeren

Rosmarin, Salbei und Thymian

Petersilie

Olivenöl

Senfkörner

Senf

drei Scheiben altes Weißbrot

Knoblauch

Gin

Rotwein

heißen: Wir kaufen ihn ungefroren und pariert beim Händler, und den bitten wir gleich, an beiden Seiten des Mittelknochens einen langen Schnitt am Knochen zu machen, sodass wir die Filets aufklappen können, sie aber trotzdem noch am Knochen hängen. Dass wir noch einmal sorgfältig nachschauen, ob alle Sehnen und Knochen entfernt sind, versteht sich von selbst. Übrigens: Mit dem Namen Hase ist meistens der heimische Feldhase gemeint – und wir brauchen einen höchstens einjährigen jungen Hasen. Alles, was länger über die Felder hoppelt, ist zu groß und zu zäh.

Noch eine Anmerkung zum Unterschied zwischen den Hasenrezepten, die Sie vielleicht kennen und diesem Rezept: Es ist die Garzeit. Der Fehler, den viele beim Kochen machen, ist ein zu langer Verbleib im Backofen. Wenn Fleisch zu lange kocht oder brät, wird es zwangsläufig faserig. Die Abneigung vieler Menschen gegen Wildgerichte oder gekochten Fisch liegt daran, dass das Essen früher einfach zu lange garte. Unser Hasenrücken hat keine Chance, trocken zu werden – und wird

deshalb natürlich auch nicht gespickt. Speck im Hasenrücken ist eine Barbarei – wir wollen Geschmack. Und deshalb marinieren wir den (oder bei einer größeren Runde: die beiden) Hasenrücken drei Stunden lang in einer Mischung aus Rotwein, fünf zerdrückten Wacholderbeeren und einem sehr kräftigen Schuss Gin. Jawohl Gin, denn nichts anderes als Wacholderbrand ist Gin. Wenn es mehr als drei Stunden sind, macht es überhaupt nichts. Das Fleisch soll ja Gelegenheit haben, zart zu werden und den Geschmack nach Wacholder in sich aufzunehmen.

Nun bereiten wir die Semmelkruste vor. Sie besteht aus altbackenen Semmeln oder Brötchen oder Schrippen, wie immer man bei Ihnen auch dazu sagt. Sie werden fein zu einer Art grobem Paniermehl zerbröselt und gemischt mit drei Esslöffel Senf, einem kräftigen Schuss Olivenöl, den fein gehackten Kräutern, den geschroteten Senfkörnern, dem durchgedrückten Knoblauch und einem weiteren kräftigen Schuss Gin.

Wichtig ist, die richtige Konsistenz dieser Mischung zu finden. Sie darf nicht zu trocken sein, sonst wird sie beim Braten zu hart. Sie darf aber auch nicht so flüssig sein, dass die Mischung nicht auf dem Fleisch haftet. Übung macht auch hier den Meister.

Nach der Marinade nehmen wir die Filets, klappen Sie am Knochen auf und streichen die Semmelbrösel-Mischung sorgfältig auf alle Teile.

Dann klappen wir die Filets wieder auf den Knochen, gießen noch etwas Olivenöl darüber – und das war schon fast die ganze Arbeit. Der oder die Rücken kommen nun auf ein geöltes Backblech – und ab damit in den auf 200 Grad vorgeheizten Ofen.

Da Hasenrücken relativ flach ist und das Fleisch von allen Seiten gleichmäßig durchgegart sein soll, schieben wir das Blech in die Mitte des Ofens. Nach einer Viertelstunde schalten wir die Oberhitze dazu – aber nur für knappe 5 Minuten. Achten Sie darauf, dass nichts anbrennt. Wenn die Kruste schön gebräunt ist, lassen wir das Prachtstück noch ein paar Minuten im Ofen ruhen – bei abgeschalteter Hitze, aber geschlossener Tür. In dieser Zeit verteilt sich der Saft wunderschön im Braten.

Zugegeben: Die Garzeit ist in diesem Rezept erheblich kürzer als in Omas Kochbuch. Aber probieren Sie es trotzdem einmal aus. So zart ist Hasenrücken – nicht gespickt.

Vor dem Servieren muss er vom Knochen gelöst und aufgeschnitten werden. Und eine passende Soße können wir in der Zwischenzeit schon zaubern aus der Marinade, einer angedünsteten Schalotte, einem weiteren Schuss Gin und ordentlich Sahne. Diese Mischung reduzieren wir auf ein Drittel, pürieren sie mit einem Mixstab und binden Sie mit gekühlter Butter ab. Dazu schmecken Eiernudeln, Kartoffeln oder unser Kartoffelgratin aus diesem Kochbuch.

Meine Variante

*Dank der Feinschmecker und Köche in
Deutschland ist Kalbfleisch heute wieder
bedenkenlos zu genießen – vorausgesetzt,
wir haben den richtigen Lieferanten.*

Kalbsfrikassee mit Champignons

In den Zeitungen lesen wir täglich die Horrormeldungen über aussterbende Tier- und Pflanzenarten oder -rassen. Hunderte davon verschwinden jährlich vom Planeten Erde. Ein bedauernswertes Schicksal – da stimmen wir alle überein. Warum aber schreibt eigentlich niemand über die Gerichte und Rezepte, die aus deutschen Küchen verschwinden? Die guten alten Stampfkartoffeln sind dem Kartoffelpüree aus der Tüte gewichen, Omas Pfannkuchen kommen als Kunst-Crèpes daher – und was um alles in der Welt ist eigentlich aus dem Kalbsfrikassee geworden? Ich meine nicht die meist ungenießbare Füllung, die in den 70er Jahren in die vorgeformte Blätterteig-Hülle kam und unter dem Namen „Ragout fin" als Inbegriff raffinierter Küche galt. Ich meine Kalbsfrikassee – duftend, zart und aromatisch. Wann haben Sie das letzte Mal in einem ganz einfachen Gasthof ein Kalbsfrikassee auf der Karte gelesen?

Das liegt zum einen natürlich daran, dass Kalbfleisch nicht den besten Ruf genießt – zu Recht. Daran sind wir Verbraucher allerdings nicht unschuldig. Jahrelang wollten wir beim Metzger unser Kalbfleisch ganz hell haben. Aber ein Tier ändert freiwillig nun einmal nicht einfach seine Farbe, also haben zuerst die Züchter, später dann die Lebensmitteltechniker alles getan, damit Kalbfleisch hell und weiß wird. Das Kalb rächte sich – das Fleisch schmeckte nicht mehr und wurde schnell faserig.

Aber auch ein anderer Umstand half, das Kalbfleisch von der Karte zu verdrängen: In den Küchen ist es nicht immer gebührend behandelt worden. Wir haben es zu lange und zu heiß gekocht oder gebraten, und wir haben es in furchtbare Soßen getunkt.

Dank der Feinschmecker und Köche in Deutschland ist Kalbfleisch heute wieder bedenkenlos zu genießen – vorausgesetzt, wir haben den richtigen

Die Zutaten:

2500 Gramm Kalbfleisch – Filet oder aus der Schulter

Pfeffer und Salz

2 Schalotten

2 Karotten

4 frische Eigelb

250 Gramm Champignons

100 Gramm Süßrahmbutter

40 Gramm eisgekühlte Butter

100 Gramm Crème fraîche

1 Zitrone

Suppengemüse

1 Spritzer Tabasco

2 Lorbeerblätter

0,1 Liter Weißwein

Lieferanten. Es gab Zeiten, da war im Kalbfleisch mehr Östrogen als in einer Antibabypille. Heute achten qualitätsbewusste Landwirte wieder auf das Fleisch. Natürlich aufgewachsene Tiere liefern erstklassige Qualität. Es gibt also keinen Grund mehr, auf das Kalbsfrikassee zu verzichten.

Schon die Zutatenliste zeigt, wie schlicht dieses Rezept ist – schlicht und unvergleichlich gut.

Ob Sie nun Filet nehmen oder Kalbfleisch aus der Schulter, ist letztlich eine Frage des Geldes. Filet ist teurer, braucht aber im Topf später deutlich weniger Zeit, um gar zu werden. Auf jeden Fall muss das Fleisch gründlich präpariert werden – also befreien wir es von Häuten und Sehnen, eventuell von Knochensplittern. Und dann schneiden wir das Fleisch in Würfel, die nicht zu klein sein dürfen. Zu kleine Fleischwürfel würden im Wasser beim Kochen zu schnell gar und trocken. Sie dürfen so groß sein, dass man sie später auf dem Teller durchaus noch einmal durchschneiden muss, bevor sie mit der genialen Soße in den Mund wandern.

Natürlich dürfen die zarten Fleischwürfel für ein Frikassee nicht angebraten werden, das kennen wir ja von Hühnerfrikassee. Kalbfleisch hat einen besonders hohen Eiweiß-Anteil, und das darf keine Chance bekommen, hart zu werden. Wir nehmen also einen großen Topf, dahinein kommen die Kalbfleischwürfel mit reichlich kaltem Wasser. Kaltes Wasser wohlgemerkt, wir erhitzen das Fleisch gemeinsam mit dem Wasser, sonst bekommt es den erwähnten Hitzeschock. Achten Sie darauf, dass das Fleisch völlig vom Wasser bedeckt ist.

Nach einmaligem Aufkochen drehen wir die Hitze sofort zurück und geben die gewürfelten Karotten und Schalotten, das Suppengemüse und die zerkrümelten Lorbeerblätter hinzu. Unser Fleisch soll jetzt bei ca. 70 Grad vor sich hinsimmern. Natürlich müssen wir mit einem Schöpflöffel den aufsteigenden Schaum immer wieder abschöpfen. Das Kochen erhält bei Fleisch sehr gut den Eigengeschmack, aber es ist heikler als das Braten. Wir müssen den Topf immer im Auge behalten. Wie lange das Frikassee nun kocht, hängt wie gesagt vom Fleisch ab. Bei einem Filet dürfte es eine gute halbe Stunde sein, bei der Schulter wird es fast eine Stunde dauern.

Eine halbe Stunde vor Ende der Kochzeit geben wir noch die Champignons hinzu. Mit denen haben wir aber vorher noch ein wenig Arbeit, denn sie müssen natürlich geputzt werden – und wir müssen die Köpfe von den Stielen trennen. Im fertigen Frikassee wollen wir später nur die Köpfe haben – die Stiele geben wir aber trotzdem ins heiße Wasser, damit sie ihren Geschmack ins Kochwasser abgeben können. Denn das Kochwasser ist ja unsere Soßen-Grundlage. Und die bereiten wir jetzt in einem zweiten Topf vor. In dem zerlassen wir die Süßrahmbutter. Auch dieser Topf darf nicht zu heiß sein, sonst bräunt die Butter. Und das wollen wir vermeiden, schließlich soll unser Frikassee hell sein. In die schäumende Butter rühren wir nun den Kochsaft von Fleisch und Pilzen, die inzwischen gar und warm gestellt sind. Natürlich gießen wir alles durch ein Sieb, denn im Frikassee wollen wir nur Fleisch, Pilzköpfe und Soße haben – Lorbeerblätter, Pilzstiele, Karotten und der Rest der Zutaten müssen draußen bleiben.

> *„Kochen bedeutet ausprobieren und abschmecken".*

Das Wasser ist auf dem Weg, eine Soße zu werden. Aber zunächst müssen wir abschmecken, während wir die Hitze langsam größer drehen – mit dem Weißwein, Pfeffer und Salz, einem Schuss Tabasco. Auch eine Prise Curry kann dem Kalbsfrikassee eine besondere Note geben. Kochen – da wiederhole ich mich gerne – bedeutet ausprobieren und abschmecken.

Die Soße kocht also langsam ein – auf ungefähr ein Drittel der ursprünglichen Menge. Mehl wollen wir nicht haben als Bindung für die Soße. Also binden wir ab mit Zutaten, die obendrein den Geschmack verbessern. Dazu nehmen wir den Topf vom Feuer und rühren zuerst die Crème fraîche hinein. Von diesem Zeitpunkt an darf die Soße nicht mehr kochen – sonst wird sie zu dünnflüssig.

Während wir mit dem Schneebesen kräftig rühren, geben wir zunächst das Gelb von vier Eiern dazu. Schließlich montieren wir noch die eisgekühlten Butterflocken in die Soße. Dann geben wir diese Soße über unsere warm gestellten Fleischwürfel und Pilze. Fertig ist unser Frikassee, zu dem wir Reis oder Kartoffeln essen und einen Weißwein trinken. Aber auch ein Rotwein darf es sein. Oder Wasser, denn unser Kalbsfrikassee hat es in sich – geschmacklich und von den Kalorien.

Zur Sülze mit heimischen Kräutern schmecken dunkles Brot oder Bratkartoffeln und zum Beispiel Remouladensoße. Guten Appetit!

Eher fein als deftig:

Sülze mit Bratkartoffeln

Kaum ein Gasthof in Norddeutschland, in dem man nicht „Sülze mit Bratkartoffeln" bestellen kann. Trotzdem hat dieses Gericht nicht immer einen guten Ruf – schon gar nicht bei Feinschmeckern. Das hat einen guten Grund: Bei der Herstellung von Sülze kann man viele Fehler machen. Nimmt man zum Beispiel zu fettes Fleisch, schmeckt die fertige Sülze tranig. Eine weitere Falle auf dem Weg zur delikaten Sülze ist das Würzen. Geliermittel wie Gelatine binden viele Geschmacksstoffe. Darum muss die Brühe, die später zu Aspik werden soll, kräftig gesalzen und gewürzt werden – fast schon überwürzt –, sonst schmeckt das fertige Produkt fad.

Im Prinzip kann man alles, was auch sonst schmeckt, zu einer delikaten Sülze verarbeiten: Rindfleisch- oder Schweinesülze, Gemüsesülze oder Kaninchensülze. Wir wollen uns einer besonderen Sülze zuwenden, einer Fleischsülze mit heimischen Kräutern.

Gekocht wird unsere Sülze in mehreren Schritten – das dauert seine Zeit, aber niemand hat behauptet, dass Genuss eine mühelose Angelegenheit ist. Zunächst brauchen wir einen großen Topf, in dem der Weißwein, ein Liter Wasser und die Zutaten Platz haben.

Die Zwiebeln und der Knoblauch werden geschält und zerteilt, das von Knochensplittern befreite Fleisch und die Kräuter sowie Lorbeerblätter und Pfefferkörner kommen in die kochende Wasser-Wein-Mischung, werden aufgekocht und dann bei nicht zu starker Hitze gute zwei Stunden weiter gekocht. Natürlich steigt dabei Schaum auf, den wir sorgfältig abschöpfen müssen.

Irgendwann ist das Fleisch weich geworden, wir nehmen es heraus, suchen die Kalbshaxe ab. Das

---

Dazu brauchen wir:

1 Kilo mageres Schweinefleisch, möglichst gepökelt

1 Kalbshaxe in Scheiben

2 Liter trockenen, kräftigen Weißwein

eine Hand voll Knoblauchzehen

2 Schalotten

frische Kräuter, zum Beispiel Thymian und Petersilie

Pfeffer aus der Mühle

hellen Essig

Lorbeerblätter

Kräuterblätter von Salbei oder glatter Petersilie

weiße Pfefferkörner

farblose Gelatine

gekochte Schweinefleisch schneiden wir in gleichmäßig große Stücke. Unter das Fleisch mischen wir noch die in Öl angedünsteten und fein gehackten Knoblauchzehen. Das Fleisch kommt nun einige Stunden in den Kühlschrank, ebenso die Brühe, die vorher aber durch ein Leintuch gegossen werden muss – schließlich soll unsere Sülze später klar sein, und deshalb müssen die Schwebestoffe entfernt werden.

Die Brühe kalt zu stellen hat auch einen einfachen Grund: Das Fett sitzt nach einigen Stunden erstarrt oben auf der Brühe und kann einfach entfernt werden. Nun kommt die Brühe wieder in den Topf. Später benötigen wir für eine normale Sülze ca. einen Liter Flüssigkeit, und auf die Menge reduzieren wir die Flüssigkeit bei starker Hitze. Bevor wir diese Brühe nun ein zweites Mal abkühlen lassen, müssen wir sie probieren. Da Gelatine später wie erwähnt viele Geschmacksstoffe bindet, muss sie sehr würzig sein, sonst schmeckt die fertige Sülze fad. Also: Mit Pfeffer, Salz, Essig kräftig würzen, die Brühe muss jetzt schon fast überwürzt schmecken.

Während die Brühe abkühlt, haben wir unter die Fleischmischung aus dem Kühlschrank noch frische Kräuter gemischt, Salbei zum Beispiel oder Petersilie. Nun kommt die Hauptsache beim Sülze-machen: Die Gelatine wird in warmem Wasser eingeweicht. Wie viel Gelatine es sein muss, hängt vom Produkt ab. Aber halten Sie sich ganz genau an die Mengenangaben, sonst wird das Aspik entweder zu flüssig oder zu hart.

„Halten Sie sich genau an die Mengenangaben, sonst wirds flüssig".

Also: Die eingeweichte Gelatine in die noch warme Brühe und kräftig rühren. Die Sülze soll später einmal rundum vom Aspik umgeben sein. Also müssen wir eine Sturzform, möglichst eine Kastenform, zunächst mal mit etwas Brühe ausgießen, sodass am Boden eine dünne feste Schicht entsteht. „Spiegel" nennen das die Köche. Dazu muss die Form für eine halbe Stunde in den Kühlschrank. Währenddessen schneiden wir die restlichen Kräuter nicht zu fein.

Nun sind wir fast am Ziel. Auf den Spiegel legen wir jetzt die Kräuterblätter als Dekoration, und nun geht's an

die Schichten. Abwechselnd kommen Fleisch, klein geschnittene Kräuter und Brühe in die Form. Immer wieder fest werden lassen, bis als Abschluss wieder eine Schicht Brühe in die Form kommt. Fertig ist die Sülze, die nun noch zum Erstarren in den Kühlschrank muss.

Vor dem Servieren stellen wir die Form kurz in ein warmes Wasserbad, damit sich die Sülze problemlos stürzen lässt. Fertig ist die Sülze, und wenn wir sie jetzt in Scheiben schneiden, bilden das hell-rote Fleisch, das klare Aspik und die grünen Kräuter auch optisch eine wunderbare Kombination.

Zur Sülze mit heimischen Kräutern schmecken dunkles Brot oder Bratkartoffeln und zum Beispiel Remouladensoße. Guten Appetit!

Meine Variante

*Wenn das Frühjahr
fast zu Ende geht
in Norddeutschland,
wenn die Spargelsaison
sich dem Ende nähert,
steht plötzlich eine
andere Spezialität im
Mittelpunkt:
der Matjes.*

Die Matjes-Lachs-Sülze

Wenn das Frühjahr fast zu Ende geht in Norddeutschland, wenn die Spargelsaison sich dem Ende nähert, steht plötzlich eine andere Spezialität im Mittelpunkt: der Matjes. Ganze Feste werden gefeiert zu Ehren des leckeren Herings. Er ist ja auch ein besonderer Fisch, ein junger gesalzener Hering vor der ersten Geschlechtsreife, der im Fass durch die Flüssigkeit einiger Innereien zart fermentiert wird.

Natürlich kann man Hering essen wie immer: direkt aus der Hand mit Zwiebelringen zu einem frischen, dunklen Brot oder zu Pellkartoffeln. Keine Frage: Draußen beim Matjesfest in Emden oder bei anderen Volksfesten im Radio-Niedersachsen-Land schmeckt er so am besten. Wenn wir ihn zu Hause genießen wollen, dann können wir ihm aber ein wenig seine Deftigkeit nehmen. Wir verarbeiten ihn zu einer Sülze, in der er sein Aroma neben Lachs und Äpfeln behaupten muss.

Wenden wir uns zunächst dem Fisch zu. Die Matjesfilets werden gewaschen und in erbsengroße Würfel geschnitten, ebenso der Lachs, den wir vorher natürlich – wenn nötig – sorgfältig gehäutet und entgrätet haben. Wichtig ist, dass der Fisch trocken getupft wird, sonst verwässert später der Geschmack.

Zu den Fischwürfeln geben wir den Saft von zwei Zitronen, die ebenfalls fein gewürfelten Schalotten, den Saft und die abgeriebene Schale der Zitronen. Nun ist Ihr persönlicher Geschmack gefragt, wenn der Meerrettich dazu kommt. Am besten wird es später schmecken, wenn wir ein Stück frischen Meerrettich auf den Fisch reiben, aber es darf auch gern der aus dem Glas sein. Ob Sie es pikant mögen oder ein bisschen schärfer – das ist ihre persönliche Entscheidung. Nur zwei Dinge sollten Sie bedenken: Auch bei dieser Sülze bindet die Gelatine später Schärfe, also lieber ein bisschen mehr vom scharfen Gemüse. Aber gleichzeitig darf der Meerrettich

Und dies sind die Zutaten zur Matjes-Lachs-Sülze:

5 Matjes-Doppelfilets

200 Gramm frischer Lachs

5 saure Äpfel

2 unbehandelte Zitronen

100 Gramm Schalotten

eine Hand voll Knoblauchzehen

2 Schalotten

Pfeffer aus der Mühle, schwarz und weiß

Schnittlauch und Dill

250 Gramm Joghurt

200 Milliliter Sahne

Meerrettich

Fischbrühe oder Fischfond

natürlich nicht den feinen Fischgeschmack überlagern – Fingerspitzengefühl ist gefragt und die Zunge muss entscheiden.

Nun würfeln wir auch noch die Äpfel und die Schalotten und rühren
alles zu der Fischmischung. Dann muss mit Pfeffer, Schnittlauch und Dill
gewürzt werden. Gerade mit Dill sollte man aber sehr vorsichtig sein.
Dieses Kraut hat einen starken Eigengeschmack und wird meiner Mei-
nung nach viel zu stark in der Küche verwendet. Da wir keine Dill-Sülze
machen wollen, reichen ein paar wenige Fingerspitzen.

Nun fehlt als Basis für die Sülze nur noch die Flüssigkeit, und dazu
haben wir die Fischbrühe. Ob Sie die selbst herstellen aus Fischabfällen
und Gemüse oder ob Sie gleich den fertigen Fischfond aus dem Glas nehmen, ist egal. Wichtig ist, dass wir die Flüssigkeit kräftig einkochen lassen, auf ca. einen halben Liter. Auch bei dieser Sülze
gilt: Der Geschmack muss eher zu kräftig sein, weil
beim Gelieren Würze, Geschmack und Schärfe
gebunden werden.

*„Mit Dill
sollten Sie sehr vorsichtig
umgehen".*

In den halben Liter eingekochten und leicht
abgekühlten Fischfond rühren wir nun den Joghurt,
die Sahne, etwas Zitronensaft und schließlich die in warmem Wasser
eingeweichte Gelatine.

Auch bei dieser Sülze gießen wir nun noch einen Spiegel in die Form,
genau wie bei unserem anderen Sülze-Rezept. Wenn der Spiegel fest
geworden ist, schichten wir die gewürzte Matjes-Lachs-Mischung in die
Form und füllen jeweils mit der Flüssigkeit auf.

Nach ein paar Stunden im Kühlschrank ist die Sülze fest geworden und
wartet auf den Verzehr. Die weiße Farbe des Joghurts, das Rot des Lach-
ses und das Glänzen des Matjes bilden auch optisch eine perfekte Kombination. Zur Matjes-Lachs-Sülze passen am allerbesten knusprige Bratkartoffeln und ein kräftiges Bier.

Meine Variante

Deutsch-italienisches Treffen:

Schnittlauch-Pesto mit Nudeln

„Wenn einer eine Reise macht, dann kann er was erleben …", sagt der Volksmund. Und es sind längst nicht nur die historischen Bauten eines Landes oder die Frauen am Strand, die einen Reisenden beeindrucken. Die Küche ist immer wieder ein Thema, das uns lange nach der Rückkehr bewegt. Als in den 50er- und 60er-Jahren die ersten Deutschen zurück aus Italien kamen, hatten sie im Gepäck nicht nur Steinnachbildungen der Blauen Grotte, sondern auch die Rezepte für Pizza und Pasta.

So entstand der Wunsch nach fremdländischer Küche. Heute ist es sogar in kleinen Städten selbstverständlich, dass man zum Essen zum Italiener, zum Griechen, Jugoslawen, Türken oder Chinesen geht. Dass die importierte Küche nicht hält, was das Essen in den Herkunftsländern verspricht, steht auf einem anderen Blatt. Aber immerhin: Die Deutschen sind aufgeschlossen geworden in Bezug auf fremde Küche.

Pizza ist in Deutschland inzwischen beliebter als Bratwürste – es gibt keine Zeitung ohne Pizzarezept. Und deshalb sparen wir uns das Pizzarezept und schauen lieber auf ein anderes, um Längen delikateres Gericht aus Italien: Pesto, die grüne Soße, die man zu Nudeln reichen kann, aber auch zu Fleisch oder zum Mozzarella mit Tomaten. Allerdings habe ich das Rezept ein wenig bearbeitet, damit es auch ohne Probleme in Norddeutschland mit frischen Zutaten zubereitet werden kann. Das Gericht nennt sich dann Schnittlauch-Pesto, und wir reichen die grüne, delikate Soße zu gekochten Nudeln, vorzugsweise zu Spagetti oder Bandnudeln.

Schnittlauch ist der einzige, dafür aber wichtige Unterschied zum Originalrezept aus Italien. Das

Die Zutaten:

vier Bund frischer Schnittlauch

Olivenöl

Knoblauch

Salz

Pinienkerne

schwarzer Pfeffer

Hartkäse, zum Beispiel Pecorino

Nudeln

echte Pesto wird mit Basilikum gemacht, den zart duftenden grünen aromatischen Blättern. Im Vergleich dazu ist Schnittlauch schärfer, zwiebelartiger und deftiger im Geschmack. Aber das muss ja nicht schlechter sein, nur weil es anders schmeckt.

Auch auf die Gefahr hin, mich zu wiederholen: Kochen macht Arbeit. Ich schreibe das an dieser Stelle noch einmal, weil es auch beim Schnittlauch-Pesto zwei Methoden der Herstellung gibt. Man kann die Zutaten in eine Küchenmaschine geben und von rotierenden Messern zerkleinern und mischen lassen. Ein Feinschmecker wird das nicht tun und alles fein säuberlich mit einem Messer zerschneiden, im Mörser zerstampfen und mit einem Löffel per Hand vorsichtig umrühren. Langsamer bedeutet nicht besser – und ich bin wahrhaftig kein Technikfeind. Küchenmaschinen haben ihre Berechtigung für vieles. Aber bei Gerichten wie Pesto kommt es darauf an, die Zutaten zu zerkleinern. Eine Küchenmaschine schlägt mit den Messern jede Struktur kaputt, zum Beispiel beim Schnittlauch. Wir wollen aber später diese Struktur noch schmecken, sonst können wir gleich Pesto im Glas kaufen.

Also: Machen wir uns die Arbeit.

Der Schnittlauch wird mit einem scharfen Messer in ganz kleine Stücke geschnitten – geschnitten, und nicht gehackt! Dann geben wir ihn in einen Mörser, zusammen mit einer kleinen Prise Salz und einem Teelöffel frisch geschroteten Pfeffer. Vorsichtig drücken wir jetzt mit dem Stößel auf den Schnittlauch und mischen ihn so mit dem Salz und dem Pfeffer. Achten Sie darauf: Nie zu viel Schnittlauch auf einmal, arbeiten Sie lieber in mehreren Durchgängen.

Die nächste Zutat sind Pinienkerne. Das ist eine Art Nuss, die in Mittelmeerländern an den Pinienkiefern wächst. Die Pinienkerne zerreiben wir fein, entweder im Mörser oder in einer Körnermühle. Nun fehlt noch der Käse – und hier ist wieder die Auswahl entscheidend. Ein Hartkäse muss es sein, aromatisch und fest. Im Originalrezept nimmt man Pecorino, den gereiften, sehr festen Schafskäse aus Italien. Es geht aber auch mit Parmesan – mit frisch geriebenem Parmesan wohlgemerkt. Das gleichnamige, fertig geriebene Käsezeug aus dem Supermarkt gehört ins Gruselkabinett der Kochkünste und hat in unserem Pesto nichts zu suchen. Ich habe es auch schon mit altem Gouda versucht – der Geschmack war völlig anders, aber nicht schlecht. Sie sehen: Probieren in der Küche lohnt sich wieder einmal.

Nun mischen wir alle Zutaten in einer Schale – den Schnittlauch, die Pinienkerne, den Käse und eine fein zerdrückte Knoblauchzehe. Olivenöl ist nun die letzte Zutat, die unserem Schnittlauch-Pesto fehlt. Und da heißt es: Nicht kleckern, sondern klotzen – bei der Menge und bei der Qualität. Natürlich kommt nur bestes Olivenöl infrage, kaltgepresst aus der ersten Pressung.

Wir verrühren alles kräftig – und schon steigt der Duft aus der Schale in unsere Nase. Unser Schnittlauch-Pesto paßt zu kaltem Fleisch, auch als vegetarischer Brotaufstrich auf frisches Schwarzbrot. Perfekt schmeckt Pesto wie im Originalrezept zu Nudeln.

Meine Variante

*„Rheinischer Sauerbraten"
– ein wunderbares Stück
Schmorfleisch vom Rind mit
einer richtig sauren Soße und
einigen süßen Aromen ist ein
Höhepunkt der deutschen
Küche.*

Der ungewöhnliche Sauerbraten

Die meisten Rezepte sind heute international. Wir können in Hamburg Chop Suey genau so essen wie in Hongkong, Tokio, El Arenal oder Berchtesgaden. Auch deutsche Gerichte gibt es überall auf der Welt – wenn sie denn überhaupt je typisch deutsch waren. Sauerkraut zum Beispiel, das den Deutschen in manchen Ländern den Beinamen „Krauts" gegeben hat, ist auf den Speisekarten Frankreichs genauso vertreten und sogar in der asiatischen Küche nicht unbekannt. Gleiches gilt für Königsberger Klopse, die als Kalbfleisch-Klößchen unter anderem Namen auch in anderen Küchen zu Hause sind.

Ein paar Gerichte gibt es allerdings, die man im Ausland nicht findet. Und da fällt natürlich sofort der berühmte „Rheinische Sauerbraten" ein – ein wunderbares Stück Schmorfleisch vom Rind mit einer eigentümlichen Soße. Dieses „eigentümlich" meine ich nicht negativ. Die Kombination des Fleisches mit einer richtig sauren Soße und einigen süßen Aromen ist ein Höhepunkt der deutschen Küche.

Ein Sauerbraten wird zum „Rheinischen Sauerbraten", wenn man ihn mit Rosinen und dem Geschmack von Äpfeln und Lebkuchen kombiniert. Ich finde das zu süß und zu exotisch und rege an, lieber auf weniger süße Zutaten zurückzugreifen.

Jetzt ist es, wie immer beim Kochen, wichtig, die richtigen Zutaten zu besorgen. Das bedarf einiger Überlegungen. Unser Fleisch muss allerbestes, mageres Rindfleisch sein. Wir müssen wissen, welches Stück uns der Metzger verkauft, denn das hat Auswirkungen auf die Länge der Garzeit, die unser Sauerbraten später im Topf verbringt. Nehmen wir ein Stück vom Nacken, wird es länger dauern, als wenn wir ein Filet oder ein anderes Stück aus der Oberschale nehmen.

Bei zwei weiteren Zutaten müssen wir ebenso lange überlegen: Welchen Essig nehmen wir, und in wel-

---

Noch einmal alle Zutaten:

1200 Gramm Rindfleisch

Rotwein-Essig

3 Zwiebeln

2 Tomaten

Butter

Orangen-Marmelade

1 Kilo kleine Möhren

100 Gramm Vollkornbrot

zwei Stangen Lauch

Dijon-Senf

Nelken, Wacholderbeeren, Lorbeerblätter

Pfeffer

0,5 Liter trockenen Rotwein

1/4 Liter flüssige Sahne

ein großer Löffel Crème fraîche

chem Fett garen wir den Braten? Da Essig dem Sauerbraten seinen typischen Geschmack gibt, kann er nicht gut genug sein. Den Essig, den die umweltbewusste Hausfrau zum Fensterputzen nimmt, sollten wir genau für diesen Zweck stehen lassen. Wir brauchen allererste Qualität – einen feinen Rotwein-Essig zum Beispiel. Und beim Fett zum Anbraten sollten wir auf Butterschmalz oder Margarine verzichten. Das ist nämlich der Unterschied zu den meisten anderen Kochrezepten. Bei den Rezepten in diesem Buch nehmen wir nur beste Zutaten. Kein Schnick-Schnack, keine teuren Eigentümlichkeiten, dafür nur beste Qualität. Deshalb muss es natürlich beste Butter sein, die wir zum Anbraten nehmen.

Unser Sauerbraten ist kein Gericht der Hochküche, sondern eher ein einfaches Gericht. Einfach – nicht profan, und das heißt: Wir müssen uns schon ein wenig Arbeit machen. Auf einen richtigen Sauerbraten können wir uns tagelang freuen, denn es bedarf einiger Vorbereitungen. Unser Fleisch haben wir also beim Metzger gekauft, haben uns nicht zum Kauf eines Sonderangebotes überreden lassen, haben es sorgfältig von Fettresten befreit – und nun müssen wir es marinieren. Das machen wir in einer warmen Marinade, die wir uns selbst herstellen. In einen Topf geben wir 0,4 Liter Rotweinessig, 0,2 Liter Rotwein und einen Liter Wasser, 5 zerbröselte Wacholderbeeren, je 3 Nelken und Lorbeerblätter und eine Hand voll grob geschroteten Pfeffer. Diese saure Mischung, die den Braten später zum Sauerbraten macht, bringen wir zum Kochen und gießen sie dann über das Fleisch, das in einer großen, möglichst verschließbaren Schale liegt. Die heiße Marinade sorgt dafür, dass sich die Poren des Fleisches schließen – das hält den Saft im Fleisch. Von der Marinade bleibt vielleicht etwas übrig. Macht nichts, wir heben sie auf, denn das ist später die Grundlage für die Soße.

Nun heißt es Geduld haben, denn unser Fleisch bleibt wenigstens 5 Tage in der Schüssel. Allerdings müssen wir den Braten jeden Tag wenden und begießen, denn er soll ja nicht nur zart werden, sondern auch die Aromen aufnehmen.

Am Tag der Zubereitung wartet eine Menge Arbeit auf uns. Unsere Karotten zum Beispiel sollen ja nicht die großen sein, sondern fingerdicke kleine – und da macht das Schälen von einem Kilo schon eine Menge Arbeit.

Aber zunächst braten wir unser Fleisch in einem großen Bräter an. Das muss etwas vorsichtig geschehen, denn wir nehmen kein Schmalz. Butter verbrennt bei zu hohen Temperaturen – also alles schön vorsichtig. Dass wir den Braten nach dem Marinieren erstmal abgetrocknet haben, ist wohl selbstverständlich, sonst spritzt das Fleisch in der heißen Butter.

Unser Sauerbraten ist ein Schmorbraten, darum müssen wir nach dem Anbraten ablöschen. Vorher müssen wir aber noch kräftig salzen, und es kommen noch die zerschnittenen Karotten in den Bräter. Sie sollen später der Soße ihren Geschmack geben, aber nicht mehr als Stücke erkennbar sein. Sie müssen also zerschmoren, und das geht nur, wenn wir die Stücke nicht zu dick schneiden. Außer den Karotten braten wir noch die Zwiebeln, den Lauch und die geschälten Tomaten an. Zum Ablöschen nehmen wir die Marinade. Je mehr wir in den Bräter gießen, desto mehr Soße haben wir später. Bevor der Deckel auf den Topf kommt, geben wir noch unsere selbst gemachte Würzmischung aus Nelken und Wacholderbeeren in die Flüssigkeit und das fein zerbröselte Schwarzbrot.

Und nun heißt es: Hinein in den auf 180 Grad vorgeheizten Ofen. Das Fleisch soll ja schmoren und nicht verbrennen, darum reicht diese Temperatur völlig aus. Wie lange das Fleisch im Ofen bleibt, hängt wie gesagt von der Qualität ab. Je besser es ist, desto kürzer braucht es. Drei Stunden ist ein guter Richtwert für 1200 Gramm. Haben wir doch nur ein Stück aus der Unterschale bekommen, können es auch 5 Stunden sein – da hilft nur: ausprobieren!

Ist das Fleisch gar, stellen wir es auf einer vorgewärmten Platte warm. Denn nun kommt die Hauptarbeit: Wir müssen die Soße zum Sauerbraten machen.

Also hinein mit der Flüssigkeit aus dem Bräter in einen Topf – aber nicht direkt, sondern durch ein Sieb. Denn erstens können wir dadurch bequem die Wacholderbeeren, Nelken und Lorbeerblätter aus der Soße fischen und zweitens sind wahrscheinlich nicht alle Gemüse verkocht. Also drücken wir mit einem Kochlöffel alle Zutaten durch das Sieb. Bevor wir mit dem Einkochen beginnen, sorgen wir noch für eine besondere Note. In die Flüssigkeit kommt ein großer Löffel Orangen-Marmelade – und zwar eine, in der die Streifen von der Schale noch erkennbar sind und der Fruchtigkeit noch einen zartbitteren Beigeschmack verleihen.

Nun muss die Soße eingekocht werden. Bei großer Hitze reduzieren wir die Menge auf ein Viertel. Gegebenenfalls kommt ab und an noch einen Schuss Rotwein dazu. Aus einer dünnen Suppe wird allmählich eine Soße, die wir natürlich nicht mit Soßenbinder oder Mehl abbinden. Wohl aber mit Sahne – davon kommt ein großer Schuss in die köchelnde Flüssigkeit. Zum Abschmecken brauchen wir Salz, Pfeffer, vielleicht einen Schuss Portwein oder

„Ob mit oder ohne Rosinen hängt von Ihrem Geschmack ab".

Madeira oder sogar noch einen Löffel Orangenmarmelade, wenn die Soße allzu sauer ist. Allzu sauer wohlgemerkt, denn richtig sauer muss sie schon sein – schließlich heißt unser Gericht ja Sauerbraten. Ob Sie noch eine Hand voll Rosinen in die Soße tun, hängt vom persönlichen Geschmack ab.

Und schon nach dem ersten Bissen vom Sauerbraten in Orangen-Karotten-Soße wandeln wir ein altes Sprichwort ab: Sauer macht glücklich.

Eine zentrale Frage beim Kochen:
Wollen wir unserem Gericht
zu einem harmonischen Zusammen-
spiel zwischen Grundzutat, Zutaten
und Gewürzen verhelfen?
Oder wollen wir den Eigengeschmack
des Produktes erhalten?

Aroma pur mit wenig Fett:

Die Forelle in der Salzkruste

Wenn wir kochen, müssen wir ein paar grundsätzliche Entscheidungen fällen – am besten schon vor dem Einkauf. Wo wollen wir einkaufen? Was essen wir? Eine zentrale Frage beim Kochen: Wollen wir unserem Gericht zu einem harmonischen Zusammenspiel zwischen Grundzutat, Zutaten und Gewürzen verhelfen? Oder wollen wir den Eigengeschmack des Produktes erhalten?

Kaninchen zum Beispiel hat keinen eigenen Geschmack, also müssen wir ihm auf die Sprünge helfen. Schweinefleisch harmoniert sehr gut mit Kräutern, also würzen wir es damit. Lamm hingegen hat einen starken Eigengeschmack. Den kann ich unterstützen, in dem ich es mit Öl und Kräutern in den Ofen schiebe. Ich kann diesen Eigengeschmack aber auch herausarbeiten, in dem ich es koche.

Wir wollen jetzt Fisch kochen – einen heimischen Fisch wie die Forelle. Aber dieser Fisch ist nur ein Beispiel, das Rezept funktioniert auch mit anderen Süßwasserfischen. Wir vertrauen auf den Eigengeschmack von Forellen, die unser Lieferant möglichst aus heimischen Gewässern hat und nicht aus einer der Zuchtanlagen, die Hühnerfarmen im Wasser gleichen.

„Forelle in der Salzkruste" heißt das Rezept. Das klingt furchtbar kompliziert, ist aber im Grunde ganz einfach und unbeschreiblich lecker. Das wird schon deutlich beim Blick auf die Zutaten.

Wir nehmen:

4 Forellen

Pfeffer und Salz

4 unbehandelte Zitronen

3000 Gramm grobes Meersalz

20 Gramm Butter

6 frische Eiweiß

evtl. Salbeiblätter

Keine Angst vor der Mengenangabe zum Meersalz. Unser Fisch wird nachher nicht salzig schmecken. Das Meersalz ist so grob, dass kaum etwas von seinem Geschmack in den Fisch eindringt. Wir benutzen das Salz praktisch nur als natürliche Hülle, die den Geschmack im Fisch hält. „Da kann man doch auch Alufolie nehmen", wird die sparsame Hausfrau entgegnen. Das ist zwar theoretisch richtig, hat aber ein paar Nachteile. Zum Beispiel kann durch die dichte Alufolie überhaupt keine Feuchtigkeit nach außen dringen. Die Forelle würde garen wie im

Dampfkochtopf. Durch unsere Kruste aber kommt schon etwas Dampf hindurch. Das sorgt dafür, dass wir keine Fischsuppe bekommen, sondern einen festen Fisch behalten. Butter, Pfeffer, Salz und Zitrone – diese Zutaten kennen wir auch von anderen Forellenrezepten.

Wir besorgen den Fisch also beim Händler, der ihn ausnimmt, aber ganz lässt – also mit Kopf und Schwanz – und ihn auch bitte nicht abschuppt. Die Forellen werden gründlich abgetrocknet, gesalzen, gepfeffert, eventuell legen wir noch ein paar Salbeiblätter hinein. Und oben drauf kommt noch ein Klacks Butter.

„Fester Fisch ist unser Ziel nicht Fischsuppe"!

Nun bereiten wir die Salzhülle, die im Ofen dann zur Kruste wird. Dazu mixen wir das Eiweiß mit dem Meersalz – im Ofen gerinnt das Eiweiß bei der hohen Temperatur und klebt die Salzkörner zusammen. Die Ei-Salz-Mischung verteilen wir großzügig auf einem tiefen Backblech und legen unsere ganzen Forellen darauf. Jede Forelle wird mit dünnen Scheiben der unbehandelten Zitrone bedeckt – und dann geben wir den Rest der Salzmasse auf die Fische, sodass sie von allen Seiten verschlossen sind.

Nun müssen wir nur noch den Ofen so heiß wie möglich vorheizen. 230 Grad sollte Ihr Herd schaffen, 250 Grad wären besser. Und in die Mitte des Ofens kommt nun das Backblech für ca. eine halbe Stunde.

Erschrecken Sie nicht: Die Salzkruste ist ziemlich hart geworden und wird am Tisch mit Kraft und einem Messer aufgebrochen. Aber da liegen die Forellen dann duftend und zart und aromatisch und gegart ohne viel

Fett. Petersilien-Kartoffeln reichen wir als Beilage oder einfach Brot – und Fisch muss schwimmen, darum passt natürlich reichlich Weißwein zur Forelle in der Salzkruste.

Halten Sie mich bitte nicht für einen Spaßvogel, aber der Hinweis für alle ungeübten Feinschmecker sei erlaubt: Die Salzkruste wird natürlich nicht mitgegessen!

Eher fein und ungewöhnlich als deftig:

Frische Blutwurst-Torte mit Äpfeln und Birnen

Es gibt viele Dinge, die von deutschen Speisekarten einfach verschwunden sind. In jedem Dorfgasthaus bekommt man heute Muscheln oder Filetsteak – meist mehr schlecht als recht zubereitet. Das, was die regionale Küche einmal stark gemacht hat, ist längst dem vermeintlich Schickeren gewichen. Statt sauren Nieren ein Zigeunerschnitzel, statt einem echten Gulasch Tintenfischringe. Und Genießern entgehen dadurch einzigartige Genüsse. Gerade in einem Land, in dem es so viele verschiedene Wurstsorten gibt, ist es doch schade, dass zum Beispiel Blutwurst kaum noch in Gasthäusern serviert wird – und wenn, dann nur auf der unsäglichen Schlachteplatte, die meist mit Würsten aus dem Supermarkt bestückt wird.

Blutwurst, in manchen Regionen auch Rotwurst genannt, ist eine Delikatesse, die hauptsächlich kalt serviert wird. Das war nicht immer so, denn Blutwurst eignet sich durch die Konsistenz und Geschmack hervorragend zum warmen Verzehr. In Franken gibt es heute noch die warmen Leber- und Blutwurstplatten mit Kartoffeln. Und im Elsaß genießt man warme Blutwurst nicht nur auf der berühmten Sauerkrautplatte. Wir wollen es weniger deftig machen. Schon der Name des Rezeptes klingt ungewöhnlich: Blutwurst-Torte. Keine Angst, wir mischen hier nicht Sahne und Blutwurst, sondern kombinieren, was zueinander paßt: frische norddeutsche Äpfel und Birnen, delikate Blutwurst und feinen Blätterteig.

Die Zubereitung erfordert außer erstklassigen Zutaten nur etwas Mühe und Spaß am Kochen. Und wetten, dass Sie mit einer Blutwurst-Torte bei der nächsten Familienfeier für mehr Gesprächsstoff sorgen als mit Lachs und Champagner?

Wie gesagt, wir brauchen erstklassige Zutaten, und da haben wir beim Blätterteig die ersten Schwierigkeiten. Man kann ihn natürlich selbst machen, aber

Wir brauchen:

Blätterteig aus der Tiefkühltruhe

frische Butter

2 Äpfel

1 Birne

Salz

weißen Pfeffer

Blutwurst

Kräuter, zum Beispiel Estragon oder Rosmarin

1 Eigelb

1 Glas Calvados oder Birnenbrand

das schichtweise, hauchdünne Ausrollen macht erhebliche Mühe und ist nur dem wirklich geübten Koch zu empfehlen.

Also kaufen, aber wo? Im Supermarkt finden wir perfekten, tiefgekühlten Blätterteig mit einem Nachteil: Er ist aus Kostengründen nicht mit Butter zubereitet, sondern mit anderen tierischen Fetten, zum Beispiel mit Rindertalg. Das ist schade, weil dem fertigen Teig der typische, buttrige Geschmack fehlt. Es gibt zwei Auswege. Entweder fragen Sie Ihren Bäcker, ob er Ihnen richtigen Blätterteig mit Butter macht. Oder wir verfeinern den tiefgekühlten Teig aus dem Supermarkt mit Butter. Das ist etwas kompliziert, aber der Mühe wert.

Dazu streuen wir etwas Mehl auf eine Arbeitsfläche, legen eine Scheibe Blätterteig darauf und streichen dünn beste Butter darauf. Darüber kommt eine zweite Scheibe Blätterteig – und dann wird mit einem Nudelholz kräftig ausgerollt. Die Butter dringt dabei in den Teig ein – und schon schmeckt er um Klassen besser. Aber Achtung: Bitte nur ausrollen. Blätterteig darf nie geknetet werden, sonst sind die Schichten zerstört.

Den Teig für unsere Blutwurst-Torte haben wir also fertig, nun kommt die Füllung. Dazu schneiden wir die Äpfel, möglichst die leicht säuerlichen Boskop, in kleine Stücke, ebenso die Birne und die gehäutete Blutwurst. Bei der Blutwurst darf es natürlich auch nur beste Qualität sein. Die industriell gefertigte aus dem Glas, die mit Gelatine oder anderen Tricks schnittfest gemacht wird, können wir nicht gebrauchen. Die Fettstücke in der Blutwurst dürfen auch nicht zu groß sein – wir müssen also ein wenig beim Metzger suchen, bis wir eine richtige gefunden haben.

In einer Pfanne zerlassen wir nun die Butter und dünsten darin die Apfelstücke an. Die Äpfel sollen nicht nur warm, sondern auch weich werden. Das braucht einige Minuten, aber wir müssen acht geben, dass die Äpfel nicht zu Mus zerkochen. Dann geben wir die in Stücke geschnittene Blutwurst dazu. Die Konsistenz der Wurst wird weicher, wenn sie erhitzt wird, und genau diesen Effekt brauchen wir, damit die Füllung schön aromatisch ist. Wir würzen noch mit etwas weißem Pfeffer und eventuell mit Estragon oder Rosmarin – das kommt auf die Blutwurst an, die wir gekauft haben. Kein Rezept dieser Welt kann uns die Aufgabe des Abschmeckens abnehmen.

Nun die Pfanne vom Feuer – und dann müssen wir die Torten formen. Dazu legen wir den rund und dünn ausgerollten Blätterteig auf die bemehlte Arbeitsfläche. Der Durchmesser des Teiges sollte etwas kleiner als ein Teller sein. In der Mitte häufen wir nun einen großen Löffel Füllung auf den Teig, legen eine zweite Schicht Blätterteig darüber und formen vorsichtig eine runde Torte daraus. Die Füllung muss vollständig vom Teig umhüllt sein. Die Ränder der Blätterteigstücke haften besser, wenn man sie mit etwas Eiweiß bestreicht.

Nun soll die fertige Blutwurst-Torte ja nicht nur schmecken und duften, sondern auch gut aussehen. Deshalb bestreichen wir die Oberseite noch mit einer Mischung aus Eiweiß und einem Calvados oder Birnenbrand – das ergibt eine glänzende, braune Oberfläche.

Danach muss die Torte nur noch bei 180 Grad in den Ofen – solange, bis der Blätterteig aufgegangen ist. Das dauert eine Viertelstunde bis 20 Minuten. Und dann heißt es: Guten Appetit bei einer ungewöhnlichen Torte. Eine Beilage braucht unsere Blutwurst-Torte nicht, nur ein Begleitgetränk. Da empfiehlt sich natürlich ein kräftiger, trockener Weißwein. Aber auch ein Rotwein oder sogar ein Bier schmecken zu dieser Torte.

Es gibt kaum einen Käse, bei dem man die Rinde mitessen kann – bei unserem Käsegericht ist das anders. Durch die Wärme verändert sich der Rand des Ziegenkäses und wird essbar.

Ziegenkäse im Schinkenmantel

Wenn alle Menschen mehr Wert auf ihre Zunge legen würden als auf die Werbung, dann müssten die Produzenten von Scheiblettenkäse längst pleite sein. Sie sind es nicht, und das wirft ein bezeichnendes Bild auf das kulinarische Deutschland. Viele Kinder lernen heute nicht mehr den Geschmack von Käse kennen, weil auf ihren Schulbroten nur noch das Industrieprodukt Schmelzkäse landet.

Das ist nicht nur die Schuld der unkritischen Konsumenten, sondern auch der Bürokraten. Die Europäische Union ficht seit langem einen Kampf gegen den so genannten Rohmilchkäse. Der wird gemacht aus nicht pasteurisierter Milch. Er hat deshalb mehr Eigengeschmack – leider auch manchmal mehr Krankheitserreger. Deshalb muss man bei der Herstellung von Rohmilchkäse besonders sorgfältig sein – wir haben bei NDR 1 Radio Niedersachsen ausführlich darüber berichtet

Ich habe manchmal den Eindruck, dass es manchen Behörden gar nicht um die Gesundheit geht, sondern um die Normierung von Produkten. Anders wäre es nicht zu erklären, dass Feta (griechischer Schafskäse) mit Segen der EU auch aus Dänemark stammen und aus Kuhmilch gefertigt sein darf. Es sind in Europa sicherlich weniger Menschen krank durch Rohmilchkäse geworden als freudlos durch schlechtes Essen.

Ziegenkäse schmeckt auf frischem dunklen Schwarzbrot, zu knusprigem Baguette, eingelegt in Olivenöl oder als Zutat auf einem Gratin. Wir aber wollen aus dem Ziegenkäse ein warmes Hauptgericht zaubern – und deshalb müssen wir erst einmal einkaufen.

Den Ziegenkäse kauft man am besten im Käsefachgeschäft – im Supermarkt ist das Angebot meist unbefriedigend. Einige Kaufhäuser bieten allerdings seit einiger Zeit Fachabteilungen an, die einem französischen Käseladen in nichts nachstehen. Meine persönliche Empfehlung: Es gibt in Deutschland inzwischen einige Landwirte, die besten Ziegenkäse

Die Einkaufsliste:

kleine, runde Rohmilchkäse von der Ziege

Pfeffer

Olivenöl

luftgetrockneter Schinken, hauchdünn geschnitten

Rosmarin

evtl. Feldsalat und Rucola

in Direktvermarktung ab Hof verkaufen. Gerade entlang der Nord-seeküste, aber auch in der Heide, findet man ausgezeichnete Qualitäten – man muss nur suchen.

Der Schinken ist das i-Tüpfelchen an diesem Rezept. Wir brauchen ihn möglichst luftgetrocknet. Ob es nun ein St.-Danielle- oder Parma-Schin-ken oder Ammerländer Schinken – das ist eigentlich egal. Der Ge-schmack verändert sich natürlich je nach Schinken – aber Abwechslung ist ja nicht die schlechteste Eigenschaft einer Küche. Nur eines muss der Schinken sein: hauchdünn geschnitten. Hauchdünn ist nicht dasselbe wie dünn. Er muss so dünn sein, dass man fast durch ihn hindurchschauen kann. Die Anschaffung einer eigenen Schneidemaschine kann durchaus sinnvoll sein. Die Einstellung muss so dünn sein, dass sich die Stärke der Scheibe allein durch den sanf-ten Andruck an die Klinge ergibt. Gehen Sie ihrem Metzger ruhig auf die Nerven – die Arbeit lohnt sich.

> *„Abwechslung ist nicht die schlechteste Eigenschaft einer Küche".*

Es gibt kaum einen Käse, bei dem man die Rinde mitessen kann – bei unserem Käsegericht ist das anders. Durch die Wärme verändert sich der Rand des Ziegenkäses und wird essbar. Darum müs-sen wir die kleinen Käsestücke, ungefähr 5 Zentimeter groß im Durchmesser, nicht zerschneiden. Sie bleiben, wie sie sind. Zunächst bestreichen wir sie vorsichtig mit Olivenöl. Besonders delikat ist es, wenn wir das Öl zwei Tage zuvor mit zwei Knoblauchzehen aromati-siert haben. Den Käse müssen wir vor-sichtig behandeln, darum empfiehlt sich ein Backpinsel zum Bestreichen. Auf den dünnen Ölfilm streuen wir nun ganz vor-sichtig ganz wenig zerschroteten Pfeffer und fein zerkrümelten Rosmarin.

Nun kommt der schwierigste Teil der Zubereitung. Der Käse wird in den Schinken gewickelt. Ob er mit einer oder zwei Scheiben voll-ständig umwickelt ist, hängt von der Größe und unserem Geschick ab. Wichtig ist, dass der Käse nur von der hauchdünnen Schicht umgeben ist, denn die Wärme soll ja gleich beim Backen nicht nur den Schinken rösten, sondern auch den Käse erhitzen.

Nun müssen wir eine letzte Entscheidung treffen: Grill oder Backofen oder gar Kaminfeuer? Im Backofen braucht unser Käse ein paar Minuten bei 200 Grad – dann ist der Schinken leicht knusprig, der Käse warm und bereit, im Mund zu verlaufen. Ich habe dieses Gericht auch schon auf einem Holzkohlegrill zubereitet – es war delikat. Ich kann mir sogar vorstellen, dass man den Käse direkt über die Glut eines Kaminfeuers legt – probieren Sie es aus, wenn Sie einen Kamin haben.

Unser Käse wird angerichtet auf einem Salat, zum Beispiel gemischtem Rucola-Feld-Salat. Als Beilage gibt es vielleicht Pellkartoffeln. Und wenn ich einmal keinen Salat habe, schmeckt mein Ziegenkäse im Schinkenmantel auch ganz einfach zu frischem Brot.

Meine Variante

*Rote Grütze ist
ein Produkt
der Sonne.
Als Nachtisch nach der
Weihnachtsgans
paßt es nicht, weil es dann
zwangsläufig aus
der Retorte stammen
müsste.*

Zum Dessert oder als Hauptgericht:

Rote Grütze
mit Vanille-Soße

Sie ist wohl das populärste Dessert im Norden Deutschlands: die Rote Grütze, die uns in fast allen Restaurants nach dem Hauptgericht angeboten wird. Trotzdem ist das an sich leckere fruchtige Gericht mit dem Gegenspiel von süßen und sauren Komponenten inzwischen ein weiteres trauriges Kapitel der deutschen Kochkunst. Nicht nur, dass immer mehr Rote Grütze quasi als Fertigpudding in die Kühlregale der Supermärkte kommt und dann auch noch behauptet wird „Wie bei Muttern Zuhause". Nein, auch die wirklich selbst gemachte Grütze hat gelitten, weil sich kaum jemand noch Gedanken um die Zubereitung macht. Da wird Obstsaft eingedickt und geliert und als Rote Grütze bezeichnet, da werden munter alle Beeren des Gartens kombiniert und mit Sago verpampt oder gar mit Vanille-Puddingpulver. Wir machen das natürlich anders. Und deshalb gehen wir erstmal einkaufen.

Sie merken schon: Wir nehmen zwar eine große Menge Früchte, aber längst nicht alles, was der Garten bietet. Manche Grütze wird aus so vielen Beeren und Früchten gemacht, dass man keine mehr herausschmeckt. Schade, denn unsere heimischen Früchte haben zum Glück alle einen starken Eigengeschmack und müssen nicht kombiniert werden. Deshalb also nehmen wir zwei Früchte, die sich bestens ergänzen und die – der Natur sei Dank – beide Früchte des Frühjahrs sind. Wir müssen also nicht auf Tiefkühlprodukte zurückgreifen – und wir lernen gleich daraus: Rote Grütze ist ein Produkt der Sonne.

Als Nachtisch nach der Weihnachtsgans paßt es nicht, weil es dann zwangsläufig aus der Retorte

Unsere Zutaten:

1 Kilo Erdbeeren

200 Gramm Sauerkirschen

400 Gramm Rhabarber

200 Gramm Zucker

zwei Vanilleschoten

ein Löffel Speisestärke

abgeriebene Schale
einer Zitrone

ein Schuss Kirschwasser

ein kleines Glas Weißwein

1/4 Liter Vollmilch

1/4 Liter Sahne

50 Gramm Zucker

eine Tüte Vanillezucker

eine Vanilleschote

4 frische Eigelb

stammen müsste. Die Sauerkirschen geben wir noch dazu, weil sie der weichen Grütze einen gewissen Biss geben.

Nach der Grützen-Theorie nun die Praxis: Den Rhabarber zerschneiden, waschen und dann in dem Weißwein kochen. Zu heiß darf es nicht werden, sonst zerkochen die Früchte völlig – und das sollen sie ja nicht.

Wenn der Rhabarber kocht, geben wir die entsteinten Kirschen dazu und nach weiteren 10 Minuten die klein geschnittenen Erdbeeren, die abgeriebene Zitronenschale und das Mark einer Vanilleschote. Wenn die Früchte gar sind, binden wir die Flüssigkeit mit der Speisestärke, die wir zuvor in dem Glas Kirschwasser aufgelöst haben. Wie viel Speisestärke es sein muss, kann nur ein Praxistest zeigen. Lieber habe ich zu wenig Bindung in der Grütze als zu viel – schließlich will ich keinen Wackelpeter auf dem Teller haben.

Während die Rote Grütze kalt wird, machen wir schnell die Vanillesoße. Das ist so einfach, dass es keinen (keinen!) Grund gibt, die fertige Chemiesoße zu nehmen.

Wir kochen die Milch, die Sahne, die ausgekratzte Vanilleschote, den Vanillezucker und den Zucker auf, geben alles in eine Rührschüssel, die dann nach kurzem Abkühlen ins Wasserbad kommt. Nun heißt es: Kräftig rühren, wenn wir die Eigelbe dazugeben. Sie sollen die Flüssigkeit binden ohne zu stocken. Das erfordert etwas Mühe –

aber nach ein paar Minuten ist die Soße fertig und kann im Kühlschrank abkühlen.

„Vertrauen Sie lieber auf Ihre Zunge als auf die Werbung".

Nun müssen wir nur noch servieren. Ob wir die Rote Grütze lauwarm essen oder durchgekühlt, ob die Vanille-Soße ganz kalt ist oder noch ein wenig warm – diese Entscheidung müssen wir von unserem persönlichen Geschmack abhängig machen. Jedenfalls zeigen wir beim seligen Löffeln allen eine lange Nase, die von der Fertiggrütze behaupten, sie schmecke wie bei Muttern. Wir vertrauen lieber auf unsere Zunge als auf die Werbung.

Zitronencreme ist so einfach zu machen, und es gibt neben der Erfrischung aus der gelben Frucht noch andere Köstlichkeiten, zum Beispiel den Apfelpudding.

Das bringt den Sommer in die Seele:

Kühle Creme von Zitronen oder Äpfeln

Revolutionen kommen nicht plötzlich, sondern eher schleppend – das gilt besonders für die Revolutionen in der Küche. Langsam ist in Deutschland wieder zu beobachten, dass sich Menschen auf echte Qualität besinnen. Aber eine Revolution muss ja nicht immer etwas zum Positiven hin verändern. Wann um alles in der Welt war bloß der Zeitpunkt, als Hausfrauen und Hobbyköche die selbst gemachten Delikatessen wie Zitronencreme aus der Küche verbannten und sich einreden ließen, das gehe viel besser mit Fertigprodukten?

Die Zitronencreme meiner Kindheit heiß Majala und war ein solches Fertigprodukt. Im Vergleich zu dem, was sich unschuldige Kinder heute im Sommer hineinzwingen müssen, war sie allerdings eine kulinarische Offenbarung. Die Zitronencreme von heute – angepriesen in tausenden bunter Werbespots – muss nicht mal mehr gekocht werden. Entweder ist sie bunt gefärbt und ohne jedes natürliche Aroma schon fertig im Plastikbecher, oder man muss die Chemiemischung ohne Erwärmen in Wasser oder Milch gießen.

Die Botschaft, die da vermittelt wird, ist fatal: Genuss ist ohne Mühe möglich. Das stimmt natürlich nicht, und so habe ich mich vor einigen Jahren auf die Suche nach Omas Rezepten gemacht. Und siehe da: Zitronencreme ist so einfach zu machen, und es gibt neben der Erfrischung aus der gelben Frucht noch andere Köstlichkeiten, zum Beispiel den Apfelpudding. Beides ist köstlich, erfrischend und natürlich und schmeckt nicht nur an heißen Sommertagen. Ich habe beide Rezepte aufgeschrieben, sie gleichen sich sehr – aber das Ergebnis ist geschmacklich völlig unterschiedlich. Zunächst also der Klassiker Zitronencreme:

Künstliche Aromastoffe brauchen wir nicht, denn unsere Früchte haben genug Aroma. Wir müssen nur darauf achten, beim Einkauf auch tatsächlich reife

Wir brauchen:

5 unbehandelte Zitronen

2 Limetten

125 Gramm Puderzucker

100 Gramm Butter

5 frische Eier

150 Gramm Sahne

3 Blatt Gelatine

Zitronenmelisse

Zitronen und Limetten zu bekommen. Manchem Gemüsehändler ist seine Lagerdisposition ja wichtiger als die Kunden – das merken wir daran, dass in der Auslage unreife, grüne Früchte liegen. Das gilt natürlich nicht nur für Zitronen, sondern auch für Tomaten, Bananen und so weiter. Der Genießer lässt das unreife Zeug liegen und hofft, dass es viele andere ihm nachmachen. Nur durch verändertes Einkaufsverhalten können wir Kunden den Händler zwingen, anständige Ware anzubieten. Aber zurück von grundsätzlichen Betrachtungen zur Praxis der Zitronencreme.

Die reifen Zitronen werden ausgepresst, ebenso die Limetten. Den Saft fangen wir auf und raspeln noch die Schale der Zitrone hinein, möglichst fein. Den Saft erwärmen wir nun über dem Wasserbad und geben unter ständigem Rühren die Butter hinzu, den Zucker und die Eigelbe. Damit nichts gerinnt, müssen wir kräftig rühren. Außerdem achten wir darauf, dass der Puderzucker sich völlig in der Flüssigkeit auflöst und nicht klumpt. Die fertige Zitronencreme soll auf der Zunge zergehen, darum müssen alle Zutaten möglichst fein verteilt sein. Das erreichen wir dadurch, dass wir die verrührte Grundflüssigkeit durch ein feines Sieb streichen, bevor wir die in etwas Flüssigkeit ausgedrückte Gelatine hinzugeben.

Während unsere Zitronenmasse abkühlt, schlagen wir die Sahne sehr steif, ebenso die Eiweiße mit etwas Zucker. Übrigens Sahne oder Eiweiß schlagen geht auch mit der Küchenmaschine oder dem Mixer. Wenn wir es aber mit der Hand machen, wird das Produkt besser, weil wir mit dem Schneebesen mehr Luft unterschlagen. Machen Sie sich die Mühe, es lohnt sich!

Nun müssen wir nur noch die drei Schüsseln zusammenrühren. Wir rühren ganz vorsichtig (aber trotzdem gründlich) die Sahne unter die Zitronen-Gelatine-Mischung und schließlich noch die Eiweiß-Masse. Sie gibt der Zitronencreme eine besonderes luftige Konsistenz.

In kleinen Glasschalen lassen wir unsere Zitronencreme nun erkalten und geben noch einige Blätter Zitronenmelisse darauf – nicht nur als Dekoration, denn diese Kräuter sind auch geschmacklich eine prima Ergänzung.

Und während wir uns noch an diesem fruchtigen Rezept freuen, können wir uns gedanklich schon der anderen Fruchtcreme zuwenden. Sie wird allerdings ohne Sahne zubereitet und erinnert vom Aussehen eher an den Wackelpudding. Geschmacklich ist dieser norddeutsche Apfelpudding jedoch ganz etwas anderes – und in der Zubereitung noch einfacher als Zitronencreme.

Wir müssen wieder einkaufen gehen, und das Wichtigste bei einem Apfelpudding sind natürlich die Äpfel. Wir wollen sie nicht kochen, sie müssen viel Saft geben und sauer-aromatisch sein. Eine Sorte wie Granny Smith wäre genau richtig, aber es kann auch jeder andere grüne Apfel sein. Fragen Sie den Händler unbedingt, ob die Schale gewachst ist. Wachs auf der Schale schmeckt – das liegt in der Natur der Sache – nach Wachs. Und wir wollen ja einen Pudding essen und keine Kerze. Also: Ungewachst und grün muss der Apfel sein.

Zunächst müssen wir aus den Äpfeln den Saft pressen. Das funktioniert am besten im Entsafter. Ein kleiner Praxistipp am Rande: Warme Äpfel geben mehr Saft als die aus dem Kühlschrank. Wenn wir die Früchte vor dem Entsaften mit kochendem Wasser übergießen, werden sie warm und weich – beste Voraussetzung zum Pressen.

Aus den Äpfeln bekommen wir wahrscheinlich je nach Größe 0,6 bis 0,8 Liter Apfelsaft. Dort hinein geben wir den gefilterten Saft einer Zitrone – gefiltert, weil wir später keine Kerne oder Fruchtfleisch im klaren Apfelpudding haben wollen. Nun füllen wir die Flüssigkeit mit Apfelwein auf – die Gesamtmenge muss später ziemlich genau einen Liter ergeben, denn für die Gelatine müssen die Mengenangaben genau stimmen.

Die Gelatine weichen wir jetzt in Wasser ein, lösen sie in warmem Apfelwein auf und gießen unseren Apfelsaft hinzu. Während die Masse im Kühlschrank erkaltet, rühren wir noch eine Hand voll Minzeblätter in den Apfelpudding – fertig. Unser Apfeldessert hat eine sehr natürliche Farbe – eben wie Apfelsaft. Falls es sein muss, dass Ihr Apfelpudding nach grünen Äpfeln aussieht, dann können Sie noch in den gepressten Apfelsaft grüne Lebensmittelfarbe hineingeben – das ändert die Farbe, aber nicht den Geschmack. Mir reicht der ungefärbte Pudding, zu dem man im Sommer auch mal einen kräftigen Wein trinken kann.

Die Zutaten:

ein Dutzend reife Äpfel

1 Zitrone

frische Minze

Gelatine

Apfelwein

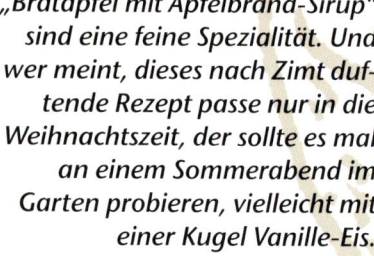

„Bratäpfel mit Apfelbrand-Sirup"
sind eine feine Spezialität. Und
wer meint, dieses nach Zimt duftende Rezept passe nur in die
Weihnachtszeit, der sollte es mal
an einem Sommerabend im
Garten probieren, vielleicht mit
einer Kugel Vanille-Eis.

Bratäpfel mit Apfelbrand-Sirup

„Was ist denn typisch für norddeutsche Küche?", fragte mich der Koch aus einem Restaurant am Fuße der Seiseralm in Südtirol, der mir gerade Schlutzkrapfen und geschmorte Steinpilze gekocht hatte. Ja, was ist es denn, das typische Gericht der norddeutschen Küche? Fische etwa, weil das Meer nicht weit ist? Nein, bei aller Liebe zu Norddeutschland: Fisch bekommt man – von wenigen Ausnahmen abgesehen – besser im Süden serviert. Spargel vielleicht? Sicherlich, Burgdorfer oder Nienburger Spargel sind Delikatessen, aber Spargel gibt es auch in Süddeutschland. Labskaus? Dieses Gericht aus gekochten Kartoffeln und Fischresten gehört wohl eher ins Kuriositäten-Kabinett als auf den Tisch eines Feinschmeckers. Sie merken schon: Es ist schwer, etwas Typisches zu finden. Aber dann hatte ich doch einen Einfall. Das Alte Land bei Hamburg ist eine der größten Obstanbau-Regionen Deutschlands. Auf dem fruchtbaren Marschenland am West-Ufer der unteren Elbe, zwischen Hamburg-Harburg und Stade, gedeihen viele Obstsorten. Kirschen zum Beispiel und vor allem Äpfel.

Aber auch in Ostfriesland oder an der Weser wachsen die leckeren Früchtchen, die außerdem überaus gesund sind. Nun hat der Feinschmecker allerdings zwei Probleme, wenn er mit Äpfeln kochen möchte.

Erstens ist Apfel nicht gleich Apfel. Zwischen Boskop und Granny Smith, zwischen Golden Delicious und Cox' Orange gibt es dutzende Sorten, die unterschiedlich schmecken. Manche eignen sich eher zum Rohverzehr, andere sind besonders geeignet zum Schmoren.

Und zweitens haben sich die Food-Designer und Großhandelsketten in den vergangenen Jahrzehnten alle Mühe gegeben, aus dem leckeren Apfel ein Industrieprodukt zu machen. Lange Lagerfähigkeit und ein makelloses Äußeres sind wichtiger als Geschmack. Der Gipfelpunkt sind wohl

die geschmacklosen grünen Importäpfel, die von einer dünnen Wachsschicht vor Druckstellen geschützt werden. Kein Wunder, dass manche Kinder heute lieber in die Milchschnitte beißen als in die gezüchteten Kunstäpfel.

Aber natürlich gibt es noch die Obstbauern, die statt Industrieware die alten Obstsorten züchten. Äpfel, besonders die kräftigen, sauren Sorten, passen gut zum Schweinebraten, man kann mit ihnen Gänse oder Enten füllen. Wir wollen den Apfel jetzt aber zur Hauptfigur eines Rezeptes machen, denn als Kulturpflanze des Nordens gebührt ihm diese Rolle. „Bratäpfel mit Apfelbrand-Sirup" sind eine feine Spezialität. Und wer meint, dieses nach Zimt duftende Rezept passe nur in die Weihnachtszeit, der sollte es mal an einem Sommerabend im Garten probieren, vielleicht mit einer Kugel Vanille-Eis.

Für unser Rezept brauchen wir eine Apfelsorte, die sich besonders gut zum Schmoren und Backen eignet. Der süß-saure Geschmack eines Cox' Orange ist nicht so gut für dieses Rezept geeignet. Beim knackigen Granny Smith ist die Schale zu fest. Meine Empfehlung: der Boskop, eine relativ alte Apfelsorte mit grün-roter Schale und kräftig-saurem Geschmack.

Von der Theorie also zur Praxis.

Honig und Zimt bilden einen wunderbaren Kontrast zum sauren Geschmack des Apfels. Aber kein Genuss ohne Arbeit, also entfernen wir aus dem Apfel zunächst mal das Kerngehäuse. Das geht mit einem spitzen Messer genauso gut wie mit einem speziellen Entkerner. Da unsere Bratäpfel die Form behalten sollen, werden Sie nun nur halb geschält. Die untere Hälfte der Schale bleibt erhalten, sozusagen als natürliche Bratform. Die Äpfel stellen wir in einen ovalen Bräter oder in eine feuerfeste Schale. Bevor wir die Äpfel füllen, heizen wir den Ofen zunächst einmal vor – auf 220 Grad.

Nun müssen die Äpfel also gefüllt werden, damit aus einem rohen sauren Stück Obst ein duftender Bratapfel wird. Dazu reiben wir von der unbehandelten Orange die Schale in eine kleine Schüssel. Außerdem geben wir das in fingerbreite Stücke geschnittene Innere der Zimtstange, die zerbröselten Gewürznelken, die Mandelblättchen und drei Esslöffel vom Honig dazu. Diese Füllung wird gründlich verrührt und dann in die Öffnung der

---

Für die norddeutschen Bratäpfel mit Apfelbrand-Sirup brauchen wir:

8 säuerliche, kräftige Äpfel, zum Beispiel Boskop

150 Gramm Honig

50 Gramm Süßrahmbutter

eine unbehandelte Orange

2 Esslöffel Mandelblättchen

4 Stangen Zimt

fünf zerbröselte Gewürznelken

2 Esslöffel Rosinen

10 cl Apfelbrand, zum Beispiel Calvados

entkernten Äpfel gefüllt. Achten Sie drauf, dass sich die Äpfel nicht berühren, denn sie sollen ja von allen Seiten gleichmäßiger Hitze ausgesetzt sein.

Bevor wir die Äpfel in den Ofen schieben, übergießen wir jeden Apfel noch mit dem Rest des Honigs und legen eine Butterflocke oben auf die Füllung. Ein paar Mandelblättchen als Verzierung – und fertig. In den ovalen Bräter kommt noch der Saft der Orange – und dann ab damit für 30 Minuten in den Ofen.

Ob das Ergebnis gut oder köstlich wird – das liegt in unserer Hand. Soll's nur einfach gut werden, reicht es, nach 20 Minuten den Apfelbrand über die bratenden Äpfel zu gießen. (Übrigens: Mit Apfelbrand ist nicht etwa der norddeutsche Apfelkorn gemeint, der eigentlich nur industriell gefertigter Alkohol mit

> *„Nur durch häufiges begießen erhalten Sie unvergessliche Bratäpfel".*

Apfelsaft ist. Apfelbrand ist das Destillat aus vergorenen Äpfeln. Berühmt ist der französische Apfelbrand, den wir als Calvados kennen. Wenn Sie keinen Apfelbrand bekommen, nehmen Sie einen Cognac – aber bitte keinen Apfelkorn!)

Sollen die Bratäpfel unvergesslich werden, dann müssen wir uns eine halbe Stunde Zeit nehmen und die bratenden Äpfel regelmäßig mit dem Sirup begießen, der sich am Boden der Bratreine bildet. Je öfter die Äpfel begossen werden, desto besser. Sollte der Sirup zu dickflüssig werden, können wir etwas Wasser angießen oder auch noch ein wenig Apfelbrand.

Nach einer guten halben Stunde sind sie fertig, duftend und braun. Die Bratäpfel müssen warm gegessen werden. Auf einem Teller werden sie angerichtet und mit dem Sirup übergossen. Dazu schmeckt ausnahmsweise mal ein süßer Wein oder – im Sommer – eine Kugel Vanilleeis.

Meine Variante

Ungebackener Käsekuchen

Ich liebe die süßen Sachen, aber ich bin kein ausgemachter Freund von Kuchen. Die meisten trockenen Kuchen sind mir zu einfallslos. Und Sahnetorten wie die Schwarzwälder Kirsch oder Mokkasahne mag ich einfach nicht. Es gibt aber ein paar Kuchen, die ich wirklich liebe. Käsekuchen gehört dazu. Aber auch da – ich gebe es ja zu – bin ich äußerst wählerisch.

Das meiste, was sich in Deutschland Käsekuchen nennt, ist in wirklich ein gebackener Quarkkuchen, der beim Essen staubt – so trocken ist er. Vielleicht liegt es daran, dass der Quark in Deutschland oft zu geschmacklos ist, vielleicht liegt es an der Backtemperatur – keine Ahnung. Mit dem typischen Käsekuchen können Sie mich jagen. Anders mein Traumkäsekuchen. Er unterscheidet sich von den meisten anderen durch zwei Dinge: Erstens schmeckt er wirklich noch nach Käse, und zweitens wird er nicht gebacken, sondern nur angerührt.

Gegessen habe ich diesen Kuchen zum ersten Mal in New York. Die Amerikaner haben ja beim Essen nur selten die Nase vorn, aber dieses Rezept hat es in sich – übrigens auch kalorienmäßig. Aber dies ist ja kein Diätbuch, sondern ein Leitfaden für Genießer.

Also dann: Erfüllen wir die norddeutsche Spezialität Käsekuchen mit neuem Leben.

Zunächst fetten wir eine runde Springform ein, eine ganz normale mit 24 Zentimetern Durchmesser. Die Löffelbisquits zerkleinern wir in einem Mixer und geben einen Esslöffel Zucker dazu. In einer kleinen Schale schmelzen wir 50 Gramm Butter und mischen die Keks-Zucker-Mischung darunter. Gut durchrühren und auf den Boden und am Rand der Springform verteilen – und ab damit in den Kühl-

Wir brauchen:

10 bis 12 Löffelbisquits (oder anderen Keks)

Zucker

etwas Butter

vier Eigelb (vom frischen Ei)

200 Gramm Frischkäse

150 Gramm Crème fraîche

100 Gramm Hüttenkäse

eine Vanilleschote

die abgeriebene Schale einer Zitrone

Zitronensaft

farblose Gelatine

schrank. Da muss in der nächsten Stunde die Butter wieder fest werden und mit dem Kekskrümeln den dünnen Boden für unseren Kuchen bilden.

Nun geht es an die Arbeit: Zunächst einmal weichen wir die Gelatine in etwas kaltem Wasser ein und stellen sie zur Seite.

Eine Rührschüssel, möglichst aus Metall, stellen wir über ein heißes Wasserbad. In die Schüssel kommen 100 Gramm Zucker und 4 Eigelb – und nun heißt es: rühren. Die Masse wird so lange über dem Wasserdampf geschlagen, bis sie dickflüssig ist und der Zucker sich aufgelöst hat. Über dem heißen Wasserbad ist die Masse jetzt warm geworden, und dahinein geben wir die aufgeweichte Gelatine. Nun muss sie weiter geschlagen werden, bis sich alles optimal verbunden hat. Das erfordert ein wenig Muskelschmalz und Kraft – aber es lohnt sich.

Während unsere Ei-Zucker-Mischung mit Gelatine abkühlt, verrühren wir in einer anderen Schüssel den Frischkäse, den Hüttenkäse und die Crème fraîche. Es schmeckt umso besser, je besser die Produkte sind. Crème fraîche darf nicht weiß sein, sondern sollte einen kleinen gelblichen Schimmer haben. Vielleicht bekommen Sie die Molkereiprodukte ja auf einem Bauernhof in Ihrer Nähe.

Wenn alles verrührt ist, geben wir noch den Zitronensaft, die abgeriebene Zitronenschale und das ausgekratzte Mark einer Vanilleschote dazu.

Damit die Masse nun fest wird, rühren wir zum Schluss die etwas abgekühlte Gelatine-Zucker-Eigelb-Mischung darunter – und fertig ist unser Käsekuchen-Belag. Er wird jetzt mit Löffel und Messer auf dem Boden verteilt. Und nun ab damit in den Kühlschrank. Wenigstens 3 Stunden sollten wir dem ungebackenen Käsekuchen jetzt Zeit lassen, damit er fest wird und reift.

Wer mag, kann den Käsekuchen noch mit frischen Erdbeeren garnieren oder mit einigen Minzblättchen. Wetten, dass dieser Kuchen auch bald Ihr Lieblingskuchen wird …?

Hat Ihnen das Buch gefallen?

*Die Rezepte sind wie Ihr
Heimatsender NDR 1 Radio
Niedersachsen:
Heimatverbunden und weltoffen.
Wir informieren über das, was
vor Ihrer Haustür passiert. Aber
natürlich vergessen wir nicht,
was sonst auf der Welt geschieht
und wichtig ist.
Unser Moderator Michael
Thürnau hat in diesem Buch viel
berichtet über Rezepte, Brauch-
tum, Feste und Menschen aus
Niedersachsen – genau wie
Sie es aus dem Programm von
NDR 1 Radio Niedersachsen
kennen.
Wir wünschen Ihnen guten
Appetit, wenn Sie die Rezepte
aus diesem Buch nachkochen.
Und wir wünschen gute Infor-
mation und gute Unterhaltung,
wenn Sie Ihr Lieblingsprogramm
einschalten.*

An unserem

Einbecker

Brauherren Pils

gab es nur

noch eines zu

verbessern:

das Etikett.

EINBECKER BRAUHERREN.

DAS PREMIUMPILS AUS NIEDERSACHSEN.

Anregungen aus der Landküche

Kürbisrezepte
24,80 DM
ISBN 3 7842 0540 2

Kräuterrezepte
24,80 DM
ISBN 3 7842 05210 6

Wildrezepte
24,80 DM
ISBN 3 7842 0492 9

Pilzrezepte für jeden Ta
24,80 DM
ISBN 3 7842 0556 9

Lammrezepte
24,80 DM
ISBN 3 7842 0555 0

Kartoffelrezepte
22,80 DM
ISBN 3 7842 0540 2

Omas Rezepte
19,80 DM
ISBN 3 7842 0540 2

Aufläufe und Gratins
24,80 DM
ISBN 3 7842 0526 7

Spar-Rezepte
24,80 DM
ISBN 3 7842 0547 X

Vollwertrezepte
22,80 DM
ISBN 3 7842 0488 0

Kohl und Rüben
24,80 DM
ISBN 3 7842 0569 0

Kostenloser Bestellservice unter Tel. 0130 | 1778 9

Landbuch
Verlag Hannov

Landbuch-Verlag GmbH
Postfach 160, 3001 Hannover
Kabelkamp 6, 30179 Hannover
Telefon 05 11| 6 78 06 - 2 22 oder 2
Telefax 05 11| 6 78 06 - 2 22 oder 2
E-Mail buch@landbuch.de